PrüfCheck

Kaufmann/Kauffrau im Groß- und Außenhandel

von

Gisela Vetter
Christine Wolf
Hans Schlotthauer

2000
Verlag Gehlen · Bad Homburg vor der Höhe
Gehlenbuch 85205

... weil aus Papier mit bis zu 50% Altpapieranteil,
Rest aus chlorfrei gebleichten (TCF) Primärfasern.

Verlag Gehlen GmbH & Co. KG
Daimlerstraße 12 · 61352 Bad Homburg vor der Höhe
Internet: http://www.gehlen.de
E-Mail: info@gehlen.de

Dieses Werk folgt der reformierten Rechtschreibung und Zeichensetzung. Ausnahmen bilden Texte, bei denen künstlerische, philologische oder lizenzrechtliche Gründe einer Änderung entgegenstehen.

Umschlaggestaltung: Ulrich Dietzel · Frankfurt am Main
Zeichnungen: Computergrafik Jörg Mair · Herrsching

ISBN 3-441-**85205**-2

Satz: Bibliomania GmbH · Frankfurt am Main
Herstellung: Media-Print taunusdruck · Bad Homburg vor der Höhe

Vorwort

Mit dieser handlichen Broschüre wollen wir Ihnen eine strukturierte (Schnell-) Übersicht über das erforderliche Kern-Fachwissen nach der neuen Ausbildungsordnung und den aktuellen Prüfungsanforderungen an die Hand geben.

Die Broschüre umfasst insgesamt 20 Bausteine unterteilt in die Fachgebiete:

- Großhandelsgeschäfte (8 Bausteine)
- Kaufmännische Steuerung und Kontrolle, Organisation (6 Bausteine)
- Wirtschafts- und Sozialkunde (6 Bausteine)

Jeder Baustein besteht aus einem vorangestelltem Lerngerüst (= strukturierte Übersicht der wichtigen Lerninhalte auf einen Blick; dadurch werden Abläufe/Zusammenhänge deutlich und einprägsam) und den dazugehörigen Lerninformationen (= kurzgefasste Beschreibung der im Lerngerüst aufgeführten Begriffe als komprimiertes Wissen zum Lernen und Nachschlagen).

Damit können Sie sich schnell und zielgerichtet sowohl auf den Unterricht als auch auf die Prüfung vorbereiten; die Broschüre kann ebenso zur gezielten Widerholung einzelner Themengebiete eingesetzt und als Nachschlagewerk genutzt werden.

Wir wünschen Ihnen dabei viel Erfolg!

Die Verfasser

Inhaltsverzeichnis

BAUSTEIN 1
AUSBILDUNGSUNTERNEHMEN

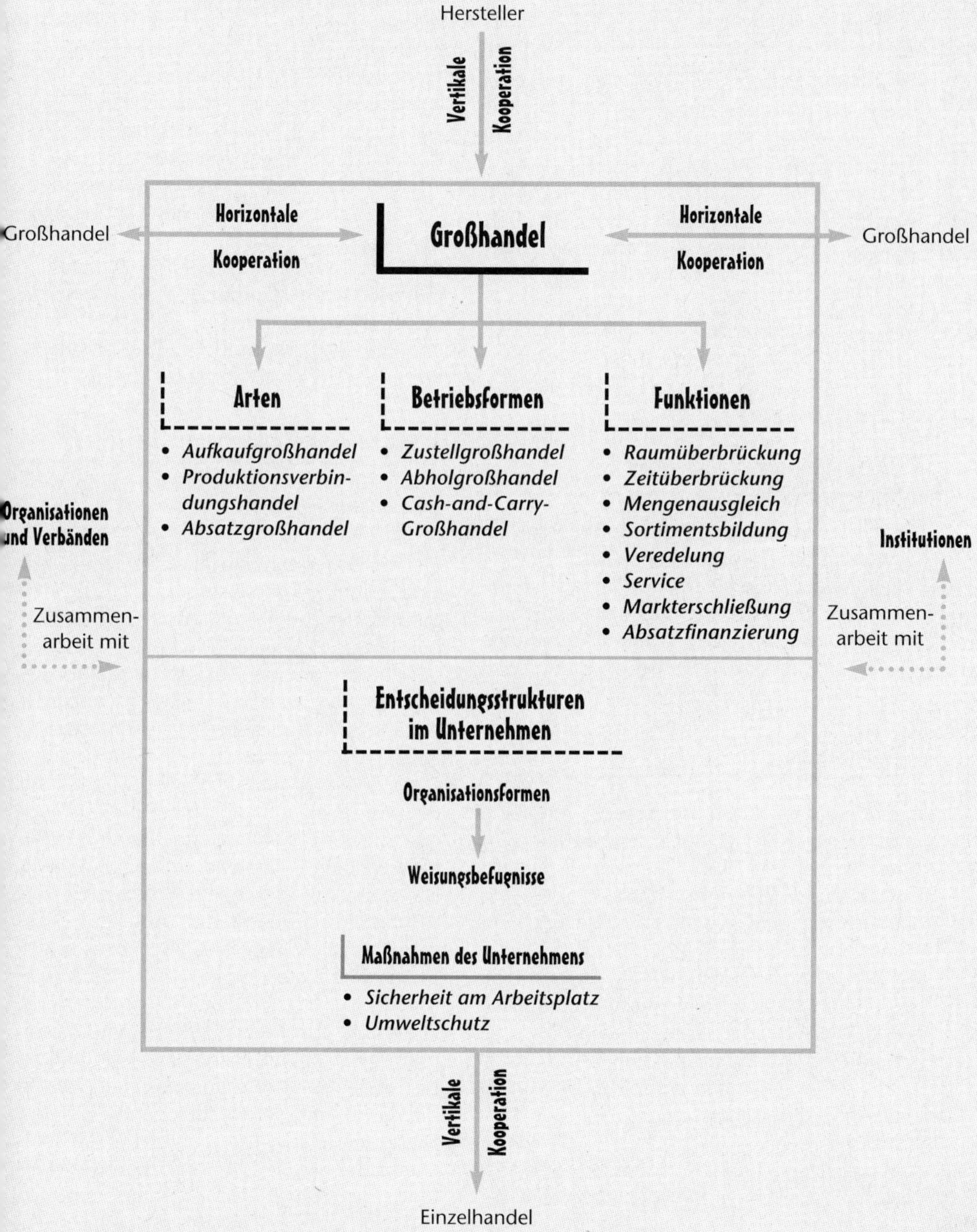

Großhandel

Arten

- *Aufkaufgroßhandel*: kauft kleine Mengen von verschiedenen Anbietern und verkauft größere Mengen an die Kunden (land- und forstwirtschaftl. Produkte, z. B. Holz, Eier).
- *Produktionsverbindungshandel*: kauft unfertige oder halb fertige Produkte und verkauft sie an die weiterverarbeitenden Unternehmen (verarbeitende Industrie, z. B. Automobile).
- *Absatzgroßhandel*: kauft große Mengen an Fertigwaren und verkauft sie in kleineren Mengen an den Einzelhändler oder gewerbliche Verbraucher.

Betriebsformen

- *Zustellgroßhandel*: der Großhändler organisiert den Transport der Waren.
- *Abholgroßhandel*: der Kunde holt sich seine Ware beim Großhändler ab.
- *Cash-and-Carry-Großhandel*: der Kunde holt sich die Ware in Selbstbedienung beim Großhändler ab (z. B. Metro).

Funktionen

- *Raumüberbrückungsfunktion*: Verteilung der Ware vom Ort des Erzeugers zum Ort des Verwenders.
- *Zeitüberbrückungsfunktion*: Überbrückung der Zeit zwischen Einkauf und Verkauf durch Lagerhaltung.
- *Mengenausgleichsfunktion*: Einkauf von größeren Mengen einer bestimmten Ware und Verkauf in kleineren Einheiten.
- *Sortimentsbildungsfunktion*: Zusammenfassung verschiedener Waren zu einem Sortiment zur besseren Übersicht für den Kunden.
- *Veredelungsfunktion*: Durch warengerechte Lagerung erhält die Ware eine bestimmte Reife (z. B. Käse, Wein) und damit einen bestimmten Wert.
- *Servicefunktion*: Übernahme von Serviceleistungen: Beratung, Kundendienst, Gewährleistung, Schulung des Einzelhandels.
- *Markterschließungsfunktion*: Erschließung neuer Absatzmärkte durch Werbung, Intensivierung des Exports, Produktdifferenzierung.
- *Absatzfinanzierungsfunktion*: Durch Einräumung von Kundenkrediten (spezielle Zahlungsbedingungen) verschafft der Großhändler seinem Kunden für einen gewissen Zeitraum zusätzliche Kaufkraft.

Entscheidungsstrukturen im Unternehmen

Organisationsformen

Ziel der Organisation ist die Gewährleistung eines reibungslosen Geschäftsablaufes, Steigerung der Wirtschaftlichkeit und der Arbeitsleistung. Man unterscheidet zwischen der Aufbau- und der Ablauforganisation. Bei der *Ablauforganisation* werden voneinander abhängige Teilaufgaben zu einem Arbeitsablauf zusammengefasst.

Die *Aufbauorganisation* regelt die Verteilung der Aufgaben auf die einzelnen Abteilungen. Sie wird in einem so genannten Organisationsplan (*Organigramm*) festgelegt. Diese Struktur enthält eine horizontale Verteilung gleichgeordneter Abteilung und eine vertikale Gliederung über- bzw. untergeordneter Abteilungen (*Unternehmenshierarchie*).

Grundlage für die Erstellung eines Organigramms ist die Aufteilung der Gesamtaufgaben in Haupt- und Teilaufgaben und danach die Zuordnung der entsprechenden Stellen. Diese Aufteilung kann entweder entsprechend der anfallenden Aufgaben (Beschaffung – Lagerung – Verkauf) und/oder nach

den Arbeitsobjekten (Produkte: z.B. Herrenoberbekleidung – Damenoberbekleidung) erfolgen.
Die kleinste Einheit der Aufbauorganisation ist die *Stelle.* Sie beschreibt die Aufgabenbereiche des einzelnen Mitarbeiters. Diese sind in einer Stellenbeschreibung festgelegt. Mehrere Stellen werden zu *Abteilungen* zusammen gefasst.
Die *Stellenbeschreibung* beinhaltet:

- die detaillierte Beschreibung der auszuführenden Tätigkeiten und die damit verbundenen Anforderungen an den Stelleninhaber,
- die Weisungs- und Unterschriftsbefugnis (entsprechend der Zuordnung in der Unternehmenshierarchie).

Weisungsbefugnisse

Entsprechend der oben dargestellten Unternehmenshierarchie werden zusätzlich zu den horizontal angeordneten Abteilungen übergeordnete Abteilungen (*Instanzen*) gebildet, die Weisungsbefugnisse gegenüber anderen Abteilungen haben.
Im *Einliniensystem* erhält jede Stelle nur von einer übergeordneten Instanz die Anweisungen, entsprechend dem Grundsatz einheitlicher Aufgabenverteilung. Vorteile: eindeutige Regelung der Anordnung, leichte Kontrolle, keine Kompetenzstreitigkeiten. Nachteile: Überlastung der Führungspositionen und Gefahr von Fehlentscheidungen, träge Informationswege.
Beim *Mehrliniensystem* enthält die einzelne Abteilung von mehreren Instanzen Anweisungen. Vorteil: durch die Arbeitsteilung sind die Führungspositionen spezialisierter und nicht mehr überlastet. Nachteil: die einzelnen Mitarbeiter müssen selbst entscheiden, welche Anweisungen sie zuerst bearbeiten.
Das *Stab-Linien-System* vereint die Vorteile der beiden o. g. Systeme. Der Geschäftsleitung werden Stäbe zugeordnet, die mit fachliche Kompetenz und Beraterfunktion ausgestattet sind (z.B. Rechtsabteilung, Verwaltung, EDV). Die Stäbe bereiten Entscheidungen vor, haben jedoch keine Weisungsbefugnis. Die Weisungen erfolgen von der Geschäftsleitung und die Linien tragen die Verantwortung für die Ausführung. Die möglichen Führungsstile und Führungstechniken werden in „Baustein 17 – Arbeitsrecht/Mitwirkung der Arbeitnehmer" erläutert.

Maßnahmen des Unternehmens

- ***Sicherheit am Arbeitsplatz***

Der *Gesundheits- und Unfallschutz* (= Gefahrenvermeidung und Sicherheit für Arbeitnehmer) ist in verschiedenen Gesetzen, Verordnungen und Richtlinien genau geregelt:
Gesetze: Arbeitschutzgesetz, Sozialgesetzbuch VII, Arbeitssicherheitsgesetz, Gewerbeordnung.
Verordnungen (hier: Unfallverhütungsvorschriften): Allgemeine Vorschriften (z.B. geeignetes Schuhwerk), Vorschriften für Leitern und Tritte (z. B. geprüfte Sicherheit = GS- oder CE-Zeichen) sowie für Flurförderzeuge.
Richtlinien und Sicherheitsregeln der Berufsgenossenschaften (Träger der Unfallversicherung des Unternehmens im Auftrag der Gewerbeaufsichtsämter): Richtlinien zur Lagereinrichtung, Sicherheitsregeln für Bildschirmarbeitsplätze, Merkblätter zum Brandschutz.
In Betrieben mit mehr als 20 Beschäftigen ist ein Sicherheitsschutzbeauftragter zu benennen. Er wacht außer über die Einhaltung der o. g. Regelungen auch darüber, ob *Sicherheits- und Gesundheitsschutzkennzeichnungen* auf bestimmte Gefahren hinweisen. *Verbotszeichen* (schwarz/rot): Feuer, offenes Licht, rauchen – *Warnzeichen* (schwarz/gelb): z. B. Warnung vor elektrischer Spannung, giftigen Stoffen, einer Gefahrenstelle, schwebenden Lasten, Flurförderzeugen,

ätzenden Stoffen usw. – *Gebotszeichen* (blau): z. B. Schutzschuhe, Schutzhelm, Augenschutz, Schutzhandschuhe usw. tragen – *Rettungszeichen* (grün/weiß): z. B. Richtungsangaben für den Fluchtweg oder zur ersten Hilfe.

Der *Brandschutz* (= Gefahrenvermeidung und Sicherheit für Mitarbeiter, Waren und Betriebsstelle) beinhaltet folgende Maßnahmen: spezielle bauliche Ausstattung, z. B. Brandschutztüren, -wände, Notausgänge, Rettungswege, Brandmelder, Feuerlöscher, Sprinkleranlagen – spezielle organisatorische Vorkehrungen, z. B. Schulung des Personals für Brandbekämpfung, Brandverhütung, Montieren von Brandschutz- und Rettungszeichen, Feueralarmübung.

Der *Diebstahlschutz* dient dem Schutz der Ware. Folgende Maßnahmen dienen dem Diebstahlschutz, z. B. begrenzte Zutrittsbefugnis, Einrichtung spezieller Verschlusslager, übersichtliche Lagerung mit Videoüberwachung.

- ***Umweltschutz***

Bei der Güterbeförderung wird die Umwelt in besonderem Maße belastet durch: Schadstoffemissionen in Luft, Wasser und Boden, Energieverbrauch, Landschaftsverbrauch (z. B. durch Abnutzung der Verkehrswege). Weiterhin wird das Leben der Menschen belastet durch das steigende Unfallrisiko und den Lärm. Deshalb muss der Güterverkehr langfristig folgenden Anforderungen genügen: Vermeidung unnötiger Leerfahrten durch Bündelung und bessere Tourenplanung, Verbesserung der Fahrzeuge (z. B. schadstoffarme Motoren, weniger Lärmbelästigung), Transportmittel auswählen, die weniger die Umwelt belasten (z. B. Bahn).

Ökologisch verantwortungsbewusst sollte die Entscheidung bei der *Sortimentsbildung* sein: z. B. Verkauf umweltverträglicher Waren (z. B. Produkte, die aus natürlichen Stoffen hergestellt sind, die recyclebar sind bzw. deren Verpackung umweltverträglich ist).

Bei der *Lagerhaltung* sind bezüglich des Umweltschutzes folgende Aspekte von Bedeutung: *Abfallvermeidung* (wieder verwertbare Verpackung), *Abfallverminderung* (z. B. sparsame Verwendung der Verpackung), Zuführung zum Recycling durch getrennte Abfallsammlung, schadlose Beseitigung von nicht wieder verwertbaren Materialien, bessere Nutzung der Energie. Das Kreislaufwirtschaftsgesetz (*KreislWG* von 1994) schreibt folgende Vorgehensweise vor. Die Vermeidung von Abfall hat oberste Priorität. An nächster Stelle steht die Verwertung von Rückständen. An letzter Stelle steht die umweltverträgliche *Abfallentsorgung* zur Weiterverwendung oder zur endgültigen Beseitigung.

Zusammenarbeit des Unternehmens mit **Institutionen**

An das *Finanzamt* sind abzuführen: Steuerzahllast aus Umsatzsteuer, einbehaltene Lohn-, Einkommens- und Kirchensteuer der Arbeitnehmer, Grundsteuer, Gewerbesteuer, Kfz-Steuer, Einkommens- und Kirchensteuer (Freiberufler, Landwirte, Einzelunternehmer, Gesellschafter von Personengesellschaften), Körperschaftssteuer (Kapitalgesellschaften), Kapitalertragssteuer, Vermögenssteuer.

Kontakte zum *Arbeitsamt* werden bei der Suche nach Arbeitskräften gepflegt. Außerdem muss beim Arbeitsamt Kurzarbeit und im Bau witterungsbedingter Arbeitsausfall gemeldet werden, da hierfür den Arbeitnehmern ein Ausgleich in Form von Kurzarbeitergeld und Schlechtwettergeld gezahlt wird.

Das Unternehmen ist verpflichtet die Arbeitnehmer bei den *Sozialversicherungsträgern* anzumelden. Krankenkasse (Kranken- und Pflegeversicherung), Rentenversicherungsträger (Bundesversicherungsanstalt für Angestellte, Landesversicherungsanstalten für Arbeiter), Arbeitslosenversicherung (Bundesanstalt für Arbeit), Unfallversicherung

(Berufsgenossenschaft). Es besteht Versicherungspflicht.
Die Unfallversicherung an die *Berufsgenossenschaften* wird vom Arbeitgeber allein getragen. Die Berufsgenossenschaft überwacht die Einhaltung der Unfallverhütungsvorschriften. Außerdem sollen finanzielle Leistungen Unfallfolgen mindern oder beseitigen (z.B. Heilbehandlungen, Rehabilitationsmaßnahmen, Renten usw.).
Die *Kommunalverwaltung* bestimmt über die Höhe der Steuern, Subventionen und behördlichen Auflagen die politischen Standortfaktoren des Unternehmens. Durch die Entscheidung über neue Verkehrswege und Verkehrsregelungen werden die wirtschaftlichen Standortfaktoren des Unternehmens beeinflusst.
Das *Arbeitsgericht* regelt die Streitigkeiten, die aus dem Arbeitsverhältnis zwischen Arbeitgebern und Arbeitnehmern entstehen können.

Zusammenarbeit des Unternehmens mit

Organisationen und Verbänden

Die *Industrie- und Handelskammern* übernehmen folgende Aufgaben für die Betriebe: Beratung der angeschlossenen Unternehmen in Fragen des Absatzes, des Handelsrechts und der beruflichen Bildung, Förderung der Mitglieder bei Außenhandelsgeschäften, Errichtung von Schiedsstellen bei Streitigkeiten (die bei der Erfüllung von Handelsgeschäften zwischen Kaufleuten und Privatkaufleuten entstanden sind).
Die *Arbeitgeberverbände* vertreten die wirtschaftlichen und sozialen Interessen der Arbeitgeber auf Bundesebene gegenüber der Regierung, dem Parlament, den Gewerkschaften und Bundesbehörden. Sie repräsentieren die Arbeitgeber auf internationaler Ebene und formulieren Empfehlungen für die Lohnpolitik und die unternehmerische Sozialpolitik.
Die *Gewerkschaften* übernehmen die wirtschaftliche und soziale Interessenvertretung der Mitglieder gegenüber den Arbeitgebern, durch den Abschluss von Tarifverträgen.

Kooperationsformen

Kooperationsziele: Verbesserung der Marktstellung durch Kostensenkung, Absatzsteigerung, Risikominderung.
Kooperationsgrundsätze: gemeinsame Festlegung der Kooperationsziele auf freiwilliger Basis und Erhaltung der rechtlichen und wirtschaftlichen Selbstständigkeit der Unternehmen.

Horizontale

Beschaffungskooperation: z.B. zentraler oder gemeinschaftlicher Einkauf (Ziel: hohe Rabatte, niedrige Preise oder andere günstige Konditionen), gemeinsamer Fuhrpark bzw. Austausch von Fuhrparkkapazitäten (Ziel: Einsparung von Fuhrparkkosten, Personalkosten, Betriebsstoffen, Abschreibungen), Sortimentskooperation (z.B. Zusammenstellung des Sortiments von einer Zentrale, um beim Randsortiment durch Querlieferung von einem anderen Großhändler Kosten zu sparen).
Lagerkooperation: z.B. Zentrallager, Ausnutzung freier Lagerkapazitäten, gemeinsame Nutzung eines WWS, (Ziel: Senkung der Lagerkosten).
Absatzkooperation: Standortverbund (z. B. Einrichtung von Handelshöfen und Großmärkten), Abteilungsverpachtung, Werbeverbund, zentrale Kalkulations- und Preispolitik (Konditionen- und Rabattkartelle müssen beim Bundeskartellamt angemeldet werden), Kooperation bei der Erschließung ausländischer Märkte (Ziel: Risikominderung, Rationalisierung von Behördengängen), Bildung gemeinsamer Handelsmarken (z. B. Musterring), gemeinsame Absatzmarktforschung (z. B. Konjunkturumfragen, Erstellung von branchenspezifischen Umsatzstatistiken), Einführung von Produkten

auf Testmärkten (dient der Risikominderung).

Vertikale

Freiwillige Kette: Kooperation zwischen Groß- und Einzelhändler einer Branche, mit dem Ziel einer gemeinsamen Marktstrategie: Absatzwerbung, Verkaufsberatung, Sortimentsstraffung (z. B. Spar, Backring, A & P).

Beim *Franchising* (z. B. Coca Cola, Nordsee, Mc Donalds) werden *Franchise-Geber* und *Franchise-Nehmer* unterschieden. Der Franchise-Geber übernimmt die Standortberatung, Rentabilitätsberechnungen und legt das Sortiment fest. Er erlaubt dem Franchise-Nehmer die Nutzung bestimmter Marken oder Warenzeichen. Zum weiteren Angebot des Franchise-Gebers gehören: Schulung des Personals, Verkaufsförderung, Betriebsplanung, Bereitstellung der Betriebseinrichtung, Erfolgskontrollen, Betriebsvergleiche. Der Franchise-Nehmer zahlt eine einmalige Einstandsgebühr und laufende Gebühren für die Nutzung der Betriebseinrichtung. Er verpflichtet sich zur Abnahme bestimmter Waren und zur Teilnahme an Schulungsveranstaltungen. Er unterliegt der Weisungsbefugnis des Franchise-Gebers.

Werksvertretungen sind rechtlich selbstständige Großhändler, die jedoch wirtschaftlich von einem Hersteller abhängig sind, indem sie überwiegend dessen Erzeugnisse verkaufen (z. B. Kfz-Handel). Neben dem Verkauf übernehmen die Werksvertretungen auch die Produktberatung, Wartungs- und Reparaturdienste und Ersatzteillieferung.

Vertriebsbindungen zwischen Hersteller und Händler werden mit dem Ziel vereinbart, Produkte nur über bestimmte Absatzwege bzw. nur zu bestimmten Zeiten zu verkaufen. Bei räumlichen Vertriebsbindungen werden z. B. Exportverbote, Reimportverbote vereinbart, die dem Gebietsschutz dienen. Bei personellen Vertriebsbindungen werden Querlieferungsverbote, Direktlieferungsverbote (z. B. an private Endverbraucher) oder Fachhandelsbindungen ausgehandelt. Zeitliche Vertriebsbindungen werden bestimmt z. B. durch Vorschriften des Herstellers über maximale Lagerdauer oder Beschränkung der Vertriebszeit (z. B. bei auslaufenden Modellen). Preis- und Konditionenbindungen sind unwirksam (außer bei Verlagserzeugnissen).

BAUSTEIN 2

BESCHAFFUNG

Beschaffungskonzept
Bedarfsermittlung

↓

Beschaffungsplanung
Sortimentspolitik

↓

Beschaffung

Bezugsquellenermittlung

↓

Anfrage

↓

Angebot

↓

Angebotsvergleich

↓

Bestellung

↓

Kaufvertrag

Pflichten
Arten

↓

Erfüllung

↓

Terminüberwachung Wareneingang → **Kaufvertragsstörungen** → **Mahnverfahren**

- Mangelhafte Lieferung
- Lieferungsverzug
- Annahmeverzug
- Zahlungsverzug

Beschaffungskonzept

Durch die Beschaffung soll sichergestellt werden, dass das Unternehmen zur richtigen Zeit und am richtigen Ort mit den benötigten Waren in der erforderlichen Menge und Qualität versorgt ist. Will der Großhändler unter Berücksichtigung des ökonomischen Prinzips die richtigen Entscheidungen treffen, so muss er ein Beschaffungskonzept entwickeln. Dabei wird versucht auf die Produkt- und Sortimentsgestaltung des Lieferanten Einfluss zu nehmen, um die Wünsche der Kunden weiter zu geben.

Bedarfsermittlung

Der Bedarf der Kunden ist die Grundlage der Sortimentsgestaltung. Die Beschaffungsmarktforschung liefert die notwendigen Informationen und verwendet als Grundlage folgende Unterlagen: Umsatzstatistiken sowie Lagerdateien – Markt- und Börsenberichte über Konjunktur- und Umsatzentwicklung der Gesamtwirtschaft sowie Berichte von Verkäufern – daraus resultieren Erwartungen, die den Bedarf der Kunden darstellen.

Beschaffungsplanung

Grundsätzlich besteht ein Konflikt zwischen Lieferfähigkeit einerseits und geringst möglichen Lagerkosten andererseits. Diesen Konflikt versucht die Mengenplanung und Zeitplanung zu lösen.
Bei der *Mengenplanung* ist zur berücksichtigen, dass größere Bestellmengen geringe Bestellkosten aber hohe Lagerkosten verursachen. Deshalb ist die optimale Bestellmenge dann erreicht, wenn die Summe aus Lager- und Bestellkosten am geringsten ist.
Die *Zeitplanung* besteht aus der Ermittlung des optimalen Bestellzeitpunktes. Der optimale Bestellzeitpunkt soll gewährleisten, dass in der Zeitspanne zwischen Bestellung und Lieferung der Mindestbestand (eiserne Bestand) nicht unterschritten wird. So ergibt sich die Formel für den Meldebestand:

$$\text{Meldebestand} = \text{Mindestbestand} + (\text{Lieferzeit} \times \text{Tagesabsatz})$$

Die *Preisplanung* ist abhängig vom Sortiment des Unternehmens, den Konkurrenzverhältnissen am Absatz- und Beschaffungsmarkt.
Die *ABC-Analyse* dient der Ermittlung der Artikel, die den größten Umsatz bringen (Renner). Ziel ist es bei diesen Artikeln das besondere Augenmerk auf die Beschaffung und die Werbung zu legen. Bei der ABC-Analyse werden die zu beschaffenden Güter entsprechend ihrem Bestellwert eingeteilt in A (65 %), B (25 %) und C-Güter (10 %).

Sortimentspolitik

Unter *Sortiment* versteht man alle von einem Unternehmen angebotene Güter und Dienstleistungen. Die *Sortimentsbreite* gibt an, wie viel verschiedene Warengruppen angeboten werden, z. B. Hemden, Hosen usw. Die *Sortimentstiefe* bestimmt die Anzahl der Sorten je Warengruppe, z. B. Kurzarmhemden, Langarmhemden usw.
Das *Kernsortiment* (Standardsortiment) beinhaltet den Teil der Waren, der die Grundausstattung an Waren darstellt, z. B. Herrenoberbekleidung. Das *Randsortiment* bilden zusätzliche Waren, die das Sortiment abrunden sollen, z. B. Socken. Es dient als Ergänzung zum Kernsortiment.
Werden neue Produkte in das Sortiment aufgenommen, so spricht man von *Sortimentserweiterung.* Unter *Sortimentsbereinigung* versteht man, wenn Produkte aus dem Sortiment herausgenommen werden.

Beschaffung

Bezugsquellenermittlung

Für die *interne* Bezugsquellenermittlung stehen folgende Möglichkeiten zur Verfügung: Artikeldatei – Lieferantendatei – Berichte von Reisenden.
Bei der *externen Bezugsquellenermittlung* bieten sich folgende Quellen an: Adress- und Branchenbücher, Kataloge und Veröffentlichungen der Lieferfirmen, Annoncen und Berichte in Fachzeitschriften, Besuch von Messen und/oder Ausstellungen, Vertreterbesuche, Informationen der IHK und Konsulate (z. B. zur Bezugsquellenermittlung im Ausland) sowie die Online-Recherche.

Anfrage

Die Anfrage sollte folgende Angaben beinhalten: Artikel, Menge, Preis, Lieferzeit, Lieferungs- und Zahlungsbedingungen. Sie ist *ohne rechtliche Bindung* und kann formlos, also auch mündlich erfolgen. Ziel einer Anfrage kann die Erweiterung des Lieferantenkreises oder das Erfragen neuer Artikel sein.

Angebot

Das Angebot ist eine *verbindliche Willenserklärung*, das an eine bestimmte Person gerichtet ist. Merke: Schaufensterauslagen, Zeitungsanzeigen usw. sind keine Angebote, da sie an die Allgemeinheit gerichtet sind.
Es beinhaltet Angaben über Art, Güte und Beschaffenheit der Artikel, Menge, Preis, Lieferzeit, Lieferungs- und Zahlungsbedingungen, Erfüllungsort und Gerichtsstand oder ein Hinweis auf die Allgemeinen Geschäftsbedingungen (AGB) des Unternehmens.
Der *Preis* wird bestimmt durch Rabatte (z.B. Mengenrabatt, Treuerabatt, Naturalrabatt, Wiederverkäuferrabatt), Bonus (z. B. Umsatzbonus) und Skonto (Preisnachlass bei vorzeitiger Zahlung).
Die *Zahlungsbedingungen* können sein Vorauszahlung, Barzahlung oder die Gewährung eines Zahlungsziels.
Die *Lieferungsbedingungen* beinhalten zum einen die Regelung über die Verpackungskosten, z. B. Preis netto einschließlich oder ausschließlich Verpackung, Preis brutto einschließlich Verpackung (= brutto für netto, d. h. Verpackungsgewicht wird wie der Warenpreis gerechnet) oder Leihverpackung.
Außerdem sind die *Beförderungskosten* Bestandteil der Lieferungsbedingungen. Der Käufer trägt alle Kosten bei Lieferung ab Werk und ab Lager. Der Käufer trägt alle Kosten ab Versandstation bei Lieferung unfrei, ab hier und ab Bahnhof hier. Der Käufer trägt alle Kosten ab Entladestation bei Lieferung frachtfrei, frei dort und frei Bahnhof dort. Der Käufer trägt keine Beförderungskosten bei Lieferung frei Haus, frei Lager, frei Werk.
Für den *Erfüllungsort* gilt folgende Regel: Gesetzlich sind Warenschulden = Holschulden und Geldschulden = Schickschulden, d. h. die Leistung ist dort zu erbringen, wo der Schuldner seinen Wohnsitz/Geschäftssitz hat, während das Geld dort zu übergeben ist, wo der Gläubiger seinen Wohnsitz/Geschäftssitz hat. Der Gerichtsstand ist der Ort an dem streitige Verpflichtungen aus dem Vertragsgeschäft verhandelt werden.
Die *AGB* eines Unternehmens sollen Vertragsabschlüsse rationalisieren, da sie die Vertragsbedingungen vorformuliert enthalten. Die AGB gelten vor den gesetzlichen Bestimmungen, wenn sie allgemein übliche Klauseln enthalten. Vorschriften, die ungewöhnlich sind bzw. den Kunden unangemessen benachteiligen sind unwirksam.

Freizeichnungsklauseln schließen die Bindung in Teilen oder ganz aus: z. B. „unverbindlich", „solange Vorrat reicht", „freibleibend", „ohne Gewähr".
Ein Angebot ist solange *gültig*, wie unter normalen Umständen eine Antwort erwartet werden kann. Das Angebot erlischt, wenn zu spät geantwortet wird bzw. eine Abänderung des Angebotes erfolgt. Wurde ein Angebot mündlich oder telefonisch erteilt, ist es gültig bis zum Ende des Gesprächs. Ein schriftliches Angebot gilt innerhalb Deutschlands 6 Tage, innerhalb Europas 14 Tage und im restlichen Ausland 28 Tage.

Angebotsvergleich

Der *quantitative Angebotsvergleich* nimmt als Grundlage die *Bezugspreiskalkulation*, also die Ermittlung des Einstandspreises der Waren (Bezugspreis). Um einen Angebotsvergleich durchführen wird folgendes Kalkulationsschema angewendet:

Bezugspreiskalkulation
Listeneinkaufspreis (LEP) – *Liefererrabatt*
= *Zieleinkaufspreis* – *Liefererskonto*
= *Bareinkaufspreis* + *Bezugskosten*
= *Einstandspreis (Bezugspreis)*

Anhand folgender Merkmale wird der *qualitative Angebotsvergleich* durchgeführt: Lieferzeit – Produktqualität – Zuverlässigkeit – Geschäftsbedingungen – Serviceangebote – Kulanzregelungen. Diese können entsprechend einer vom Unternehmen erstellten Gewichtung zu einer anderen Entscheidung führen als der quantitative Angebotsvergleich.

Bestellung

Folgt dem Angebot eine Bestellung, die inhaltlich dem Angebot entspricht, so ist ein Kaufvertrag durch *zwei übereinstimmende Willenserklärungen* zustande gekommen.
Weicht die Bestellung inhaltlich vom Angebot ab (neuer Antrag), kommt erst dann ein Vertrag zustande, wenn eine *Auftragsbestätigung* (Annahme) erfolgt, die inhaltlich der Bestellung gleicht oder die Ware geliefert wird. Grundlage für dieses Geschäft ist dann die abgeänderte Bestellung. Die Lieferung gilt als Annahme.

Kaufvertrag

Pflichten

Für den Verkäufer ergeben sich folgende Pflichten: Übergabe der Ware am vereinbarten Ort zur vereinbarten Zeit und Übertragung des Eigentums auf den Käufer.
Für den Käufer entsteht durch den Kaufvertrag die Pflicht zur Abnahme der ordnungsgemäß gelieferten Ware und Zahlung des vereinbarten Betrages.

Arten

Kauf nach Probe
Nach Kauf eines Musters, wird entsprechend diesem Muster eine Bestellung aufgegeben.

Spezifikationskauf
Bei Vertragsabschluss wird nur die Warenart und die Menge bestimmt. Innerhalb einer bestimmten Frist wird die Ware genauer definiert (z.B. Farbe, Größe usw.) Versäumt der Käufer diese Frist, kann der Verkäufer die Ware spezifizieren.

Gattungskauf
Bestimmung der Ware nur nach der Art. Es muss Ware mittlerer Qualität geliefert werden (z. B. Heizöl).

Stückkauf
Kauf einer nicht durch ein anderes Gut ersetzbaren Ware (z. B. Ölgemälde).

Kauf auf Abruf
Lieferung der Ware erst, wenn der Käufer diese abruft.

Fixkauf
Kauf zu einem terminlich genau festgelegten Zeitpunkt. (z. B. Lieferung am 10. Mai d. J. fix).

Streckengeschäft
Die Ware wird nicht an den Käufer sondern an dessen Kunden geliefert.

Erfüllung

Terminüberwachung

Die Überwachung der Außenstände erfolgt i. d. R. durch die EDV – Offene Posten-Kontrolle. Hierbei werden sowohl die Liefertermine überwacht als auch die Zahlungseingänge der Kunden. Bei der Überwachung der Liefertermine steht die Sicherung der eigenen Lieferbereitschaft und damit der Erhalt des Kundenstammes im Vordergrund. Die Überwachung der Zahlungseingänge dient der Sicherung der Liquidität des Unternehmens.

Wareneingang

Bei der *Warenannahme* sind folgende Prüfungen durchzuführen: Stimmen die Angaben des *Lieferscheins* mit denen der Sendung überein, Überprüfung der Sendung auf äußerliche Schäden.
Danach ist die Sendung unverzüglich auszupacken und es ist die *Warenprüfung* vorzunehmen. Prüfung, ob die Sendung (Warenart, Qualität und Menge) mit der Bestellung überein stimmt und ob die Ware Mängel aufweist.
Anschließend erfolgt die Erfassung der eingegangenen Ware durch Eintragung in das Wareneingangsbuch.

Kaufvertragsstörungen

Mangelhafte Lieferung

Folgende Mängel können bei *mangelhafter Lieferung* vorliegen: Mängel in der Art (= falsche Ware), Mängel in der Qualität (= es fehlen bestimmte Qualitätsmerkmale), Mängel in der Menge (= zu viel oder

zu wenig), Mängel in der Beschaffenheit (= z. B. beschädigte Ware), offene Mängel, versteckte Mängel (= z. B. defekte Maschinen).
Beim *einseitigen Handelskauf* hat der Käufer 6 Monate Zeit, die Ware zu prüfen und zu rügen. Beim zweiseitigen Handelskauf muss die Ware unverzüglich geprüft werden. Werden offene Mängel festgestellt, ist sofort zu rügen. Bei versteckten Mängeln ist sofort nach Entdeckung zu rügen (Rügefrist: innerhalb von 6 Monaten). Folgende Rechte hat der Käufer bei mangelhafter Lieferung:

- *Wandelung* = Rückgabe der Ware und Zurückverlangen des Kaufpreises, wenn die Ware anderweitig preisgünstiger geworden ist.
- *Umtausch* = Rückgabe der Ware gegen neue Ware, wenn die Ware nicht verwendet werden kann, aber durch andere gleichartige und gleichwertige Ware ersetzt werden kann.
- *Minderung* = Verringerung des Kaufpreises, wenn die Ware noch verwendbar ist.
- *Schadenersatz* = wegen Nichterfüllung, wenn der Ware ein zugesicherte Eigenschaft fehlt, die Lieferung nicht dem Muster entspricht oder der Mangel arglistig verschwiegen wurde.

Lieferungsverzug

Voraussetzung für den Lieferungsverzug ist: die Lieferung muss fällig sein, der Käufer muss nach Fälligkeit eine Mahnung geschickt haben, der Lieferer hat die Lieferung schuldhaft verzögert (z.B. Vorsatz oder Fahrlässigkeit).
Sind diese Voraussetzungen gegeben *hat der Käufer das Recht* auf einer Nachlieferung zu bestehen (ohne Nachfristsetzung), vom Vertrag zurückzutreten (nach Ablauf einer angemessenen Nachfrist) oder Schadenersatz wegen Nichterfüllung zu verlangen (wenn nach angemessener Nachfrist nicht geliefert wurde). Außerdem kann der Käufer auch Lieferung und Schadenersatz wegen verspäteter Lieferung verlangen (wenn ein Verzögerungsschaden eingetreten ist).

Annahmeverzug

Es liegt ein *Annahmeverzug* vor, wenn die Ware ordnungsgemäß geliefert wurde und der Käufer die Ware nicht annimmt. Der *Verkäufer hat das Recht* die Ware zurückzunehmen und sie auf Rechnung des Käufers in einem Lager aufzubewahren und auf Abnahme der Ware zu klagen. Handelt es sich um verderbliche Ware, kann der Verkäufer einen Selbsthilfeverkauf (Versteigerung) vornehmen lassen. Handelt es sich um einen guten Kunden bzw. einen kleinen Auftragswert, so kann der Verkäufer die Ware auch zurücknehmen und anderweitig verkaufen. Entscheidet sich der Verkäufer für den *Selbsthilfeverkauf* (SHV) sind folgende Schritte einzuhalten: Androhung des SHV mit Fristsetzung, Mitteilung von Ort und Zeit des SHV. (Dies gilt nicht für den Notverkauf.) Nach vollzogenem SHV hat der Käufer den Mindererlös zu tragen bzw. den Mehrerlös zu erhalten.

Zahlungsverzug

Der Käufer befindet sich im *Zahlungsverzug*, wenn im Kaufvertrag ein bestimmter Zahlungstermin vereinbart wurde und der Fälligkeitstag überschritten ist. Wurde keine kalendermäßiger Zahlungstermin vereinbart, so gerät der Käufer erst nach Mahnung in Verzug.
Ohne die Setzung einer Nachfrist hat der *Verkäufer das Recht*, die Zahlung zu verlangen oder die Zahlung zu verlangen mit der zusätzlichen Forderung von Verzugszinsen und Kostenersatz. Setzt der Verkäufer eine Nachfrist, so kann er nach Ablauf der Nachfrist die Zahlung ablehnen und vom Vertrag zurücktreten oder die Zahlung ablehnen

und Schadenersatz wegen Nichterfüllung verlangen.

Mahnverfahren

Das Mahnverfahren soll dabei helfen, den Ausfall von Forderungen zu verhindern. Das *außergerichtliche* Mahnverfahren verläuft ihn 3 Schritten: 1. Mahnung mit Fristsetzung – 2. Mahnung mit Ankündigung weiterer Maßnahmen (Inkassoinstitut, gerichtliches Verfahren) – 3. Mahnung mit Hinweis auf das weitere Verfahren.

Das *gerichtliche* Mahnverfahren wird beantragt, wenn der Käufer böswillig nicht zahlt oder, wenn die Verjährung der Forderungen droht bzw., wenn die Gefahr besteht, dass der Schuldner überhaupt nicht zahlen kann. Zuständig für das gerichtliche Mahnverfahren ist das Gericht in dessen Ort der Gläubiger seinen Wohnsitz/Geschäftssitz hat. Hierzu muss der Gläubiger den „Antrag auf Erlass eines *Mahnbescheides*" ausfüllen und an das Gericht schicken.
Der Schuldner kann nach Eingang des Mahnbescheides entweder zahlen oder Widerspruch einlegen oder gar nichts unternehmen.

BAUSTEIN 3

LAGERHALTUNG

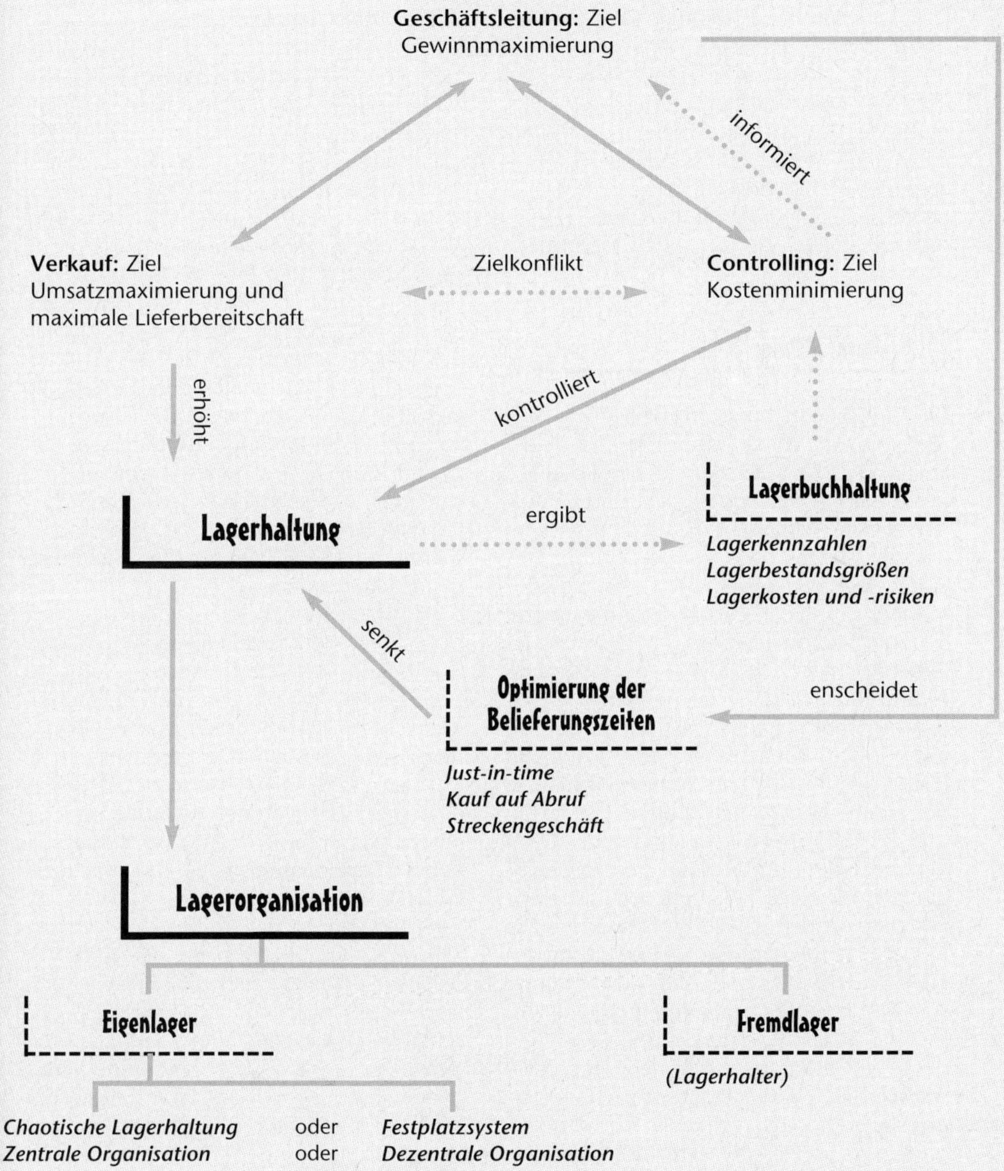

***Warenwirtschaftssytem** ermöglicht Planung, Information, Analyse und Steuerung*

Lagerhaltung

Die Lagerhaltung als wichtige Funktion des Großhandels verursacht einerseits hohe Kosten und sichert andererseits die Lieferbereitschaft. Dieser Zielkonflikt bei der Bestimmung der Lagerbestandshöhe für das Sortiment kann nur durch ständiges Überwachen der Vorräte und effektives Controlling der Kosten beigelegt werden, was wiederum erst durch eine sorgfältige Lagerbuchhaltung ermöglicht wird.

Lagerbuchhaltung

Die Lagerbuchhaltung erfasst alle Zu- und Abgänge an Waren auf einem aktuellen Stand. Diese Informationen, eingebunden in ein ***Warenwirtschaftssystem***, sind Grundlage für die Analyse im Controlling und die Planung seitens der Geschäftsleitung. Das Warenwirtschaftssystem beinhaltet die optimale Zusammenarbeit mit den Abteilungen Einkauf (Bedarfsmeldung) und Verkauf (Lieferbereitschaft). Das Modell der ***Lagerbestandsgrößen*** hilft, Bestellmengen und Bestellrhythmus für einen Artikel zu bestimmen, indem zunächst ein *Mindestbestand* (Sicherheitsbestand) in Abhängigkeit von der durchschnittlichen Absatzmenge je Tag und ein *Höchstbestand* in Abhängigkeit von der Lagerkapazität und den Einkaufsbedingungen festgelegt werden. Die Differenz zwischen beiden ist die Bestellmenge. Die Bedarfsmeldung an den Einkauf erfolgt bei Erreichen des *Meldebestandes* (Mindestbestand + Lieferzeit x durchschnittliche Absatzmenge je Tag), sodass beim Eintreffen der Ware im Lager genau der Mindestbestand erreicht wird. Der Bestellrhythmus ergibt sich durch den zeitlichen Abstand zwischen zwei erreichten Meldebeständen.
Die auswertende Lagerbuchhaltung beschäftigt sich mit den ***Lagerkennzahlen***. Der *Wareneinsatz* (jährlich verkaufte Menge zu Bezugspreisen), der aus dem Wareneingangskonto des Artikels als Saldo ersichtlich wird, beziffert die notwendigen Aufwendungen für das gesamte Jahr. Der *durchschnittliche Lagerbestand* (Anfangsbestand + 12 Monatsendbestände : 13) zeigt (wenn er mit dem Bezugspreis malgenommen wird) den *Kapitalbedarf* für diesen Artikel an, der durchschnittlich im Lager gebunden ist. Dividiert man den Wareneinsatz durch den durchschnittlichen Lagerbestand, erhält man die *Umschlagshäufigkeit*, die im Branchenvergleich eine Beurteilung der Lagereffektivität zulässt: Steigt die Umschlagshäufigkeit, so konnte man entweder mehr verkaufen (Zähler wird größer) oder bei gleichem Verkauf geringere Lagerbestände halten (Nenner wird kleiner) und damit Kosten sparen. Aus dieser Zahl resultiert außerdem die *durchschnittliche Lagerdauer* (360 : Umschlagshäufigkeit), die mit dem gerade herrschenden Kapitalmarktzins bewertet (Lagerdauer x Kapitalmarktzins : 360) den *Lagerzinssatz* ergibt. Der Lagerzinssatz ermöglicht schließlich die Berechnung der Lagerzinsen (Wareneinsatz x Lagerzinssatz) als kalkulatorische Kosten. Dadurch, dass Kapital in den Warenvorräten gebunden wurde, verliert das Unternehmen quasi Zinsen, die es bei einer Finanzanlage auf das selbe Kapital bekommen hätte.
Lagerhaltung ist mit Risiken wie Verderb, Schwund, Brand- und Wasserschäden an der Ware und allgemeinen Risiken wie technische Überalterung, Modewechsel und schlechte Absatzlage verbunden. Diese ***Lagerrisiken*** können durch sorgfältige Warenpflege, eine vorsichtige Beschaffungsplanung, warengerechte Lagerhaltung und den Abschluss einer *Lagerversicherung* gemildert werden. Die Versicherungssumme sollte dem echten Versicherungswert der

gelagerten Ware entsprechen, um die Gefahr der Unterversicherung abzuwenden. Bei einer Unterversicherung werden Schäden nur zu dem prozentualen Anteil von der Versicherung ersetzt, den die Versicherungssumme am Versicherungswert hat, selbst wenn der Schaden insgesamt niedriger als die Versicherungssumme liegt.
Lagerhaltung verursacht fixe ***Lagerkosten***, die unabhängig vom Beschäftigungsgrad (Absatz) sind wie Personalkosten, Abschreibung der Lagereinrichtung, Lagerversicherung etc. und variable Lagerkosten wie Strom für Kühlvorrichtungen etc., die mit dem Beschäftigungsgrad steigen. Im Controlling wird die Lagerbuchhaltung analysiert und mit dem Ziel der Kostenminimierung ausgewertet.

Optimierung der Belieferungszeiten

DV-gestützte Auftragsbearbeitung und Lagerorganisation im Warenwirtschaftssystem sowie die Möglichkeiten der modernen Bürokommunikation und die Nutzung flexibler Transportsysteme können die Notwendigkeit der Lagerhaltung und damit deren Kosten minimieren. Mit Lieferanten kann eine ***Just-in-Time*** Belieferung abgesprochen werden: Die Ware soll genau dann eintreffen, wenn sie zum Weiterverkauf benötigt wird. Ein Teil der Lagerhaltung wird so auf die Transportmittel weitergegeben, allerdings erhöht sich die Abhängigkeit von der Zuverlässigkeit der Lieferanten und durch die größere Anzahl der Transportvorgänge auch das Verkehrsaufkommen. Einige Kunden erwarten vom Großhandel die Just-in-Time Belieferung, um ihre Lagerflächen und Lagerkosten so gering wie möglich zu halten, was für den Großhandel ein logistisches Problem bedeutet, da Lieferanten bevorzugt große Mengen liefern, während die Kunden häufig kleine Mengen beziehen möchten.
Durch einen ***Kauf auf Abruf*** lassen sich die Einkaufsvorteile großer Bestellmengen nutzen, ohne dass sich der durchschnittliche Lagerbestand erhöht. Die Ware verbleibt zunächst beim Lieferanten und wird in kleinen Mengen immer dann abgerufen, wenn sie benötigt wird. Lagerkosten und Lagerrisiken verbleiben so beim Lieferanten.
Durch das ***Streckengeschäft*** wird die Lagerhaltung nahezu überflüssig, da hier der Großhandel die Ware direkt durch den Hersteller an seine Kunden ausliefern lässt. Nur wenn der Großhandel hier durch Know-how und Beziehungen überzeugen kann, ist der Kunde bereit, die Gewinnspanne des Großhändlers zu bezahlen und sich nicht gleich selbst an den Hersteller zu wenden.

Lagerorganisation

Eigen- oder Fremdlager

Fremdlager

Grundsätzlich lohnt sich die Eigenlagerung immer dann, wenn große Mengen Waren gelagert werden und sich so die fixen Lagergemeinkosten als anteilig niedrige Stückkosten in den Handlungsgemeinkostenzuschlag der Artikel einkalkulieren lassen. Die komplette Fremdlagerung und damit der Verzicht auf ein eigenes Lager ist selten anzutreffen, da der direkte Kundenkontakt darunter leidet. Häufig werden zusätzlich zur Eigenlagerung die Dienste eines ***Lagerhalters*** in Anspruch genommen, wenn kurzfristig durch besonders günstige Einkaufsbedingungen große Mengen zu lagern sind, wenn Waren des Randsortimentes eine spezielle Lagerung benötigen (und sich die Investition in ein Speziallager wegen der geringen Menge nicht lohnt), wenn sich Standortvorteile wegen der Nähe des Fremdlagers zu Kunden oder Umschlagsplätzen ergeben (Lager an Häfen und Güterbahnhöfen) oder beim Import über die weitere Verwendung der Ware noch nicht entschieden ist und der Importzoll zunächst eingespart werden soll (Zolllager). Lagerhalter nach §§ 467 ff HGB ist, wer gewerbsmäßig die Lagerung von Gütern übernimmt und sich durch den Lagervertrag verpflichtet, das Gut aufzubewahren . Die Pflichten des Lagerhalters umfassen die Haftung (für Verlust oder Beschädigung der Ware), die Versicherung (auf Wunsch des Einlagerers), die Benachrichtigung des Einlagerers (falls Veränderungen an der Ware auftreten), das Zulassen der Besichtigung durch den Einlagerer während der Geschäftszeit und das Quittieren der Einlagerung auf einem Lagerschein. Als Rechte hat der Lagerhalter Anspruch auf Vergütung und Aufwendungsersatz, ein gesetzliches Pfandrecht an der eingelagerten Ware bis zur Tilgung aller Aufwendungen durch den Einlagerer und ein Kündigungsrecht nach Ablauf der vereinbarten Lagerzeit mit der Möglichkeit des anschließenden Selbsthilfeverkaufes nach vorheriger Androhung. Über die Verpflichtung zur Herausgabe des Lagergutes stellt der Lagerhalter einen *Lagerschein* aus, der als Warenwertpapier das Eigentum an der Ware anzeigt und per Indossament übertragbar ist. So kann der Eigentümer die Ware durch Indossieren des Lagerscheines verkaufen, ohne dass die Ware bewegt werden muss.

Eigenlager

Das eigene Lager kann im ***Festplatzsystem*** organisiert sein, dann hat jede Ware ihren festen Stammplatz und das *Kommissionieren* (Zusammenstellen der Sendungen für den Warenausgang) erfolgt mithilfe des *Lagerplanes* (zeigt an, wo was liegt) und der *Lagerplatznummer* (z. B. Gangreihe, Regalnummer, Regaletage) oder einem maschinenlesbaren Barcode als Verschlüsselung des Lagerplatzes. Diese Art der Lagerorganisation ist übersichtlich, aber erfordert umfangreichen Lagerplatz (auch Artikel mit geringen Lagermengen haben einen Stammplatz) und wegen der längeren Laufzeiten von Gang zu Gang längere Arbeitszeit je Kommissioniervorgang, selbst wenn nicht auftragsorientiert nacheinander, sondern serienorientiert nach Lagerzonen kommissioniert wird. Diese Laufzeiten können durch die Kommissioniereinrichtung „Ware zum Mann" (Umlauflager) statt „Mann zur Ware" (Kommissionierer läuft zu den Lagerorten) zwar verkürzt werden, was aber eine nicht unerhebliche Investition in entsprechende Lagereinrichtung voraussetzt.

Die Organisationsform der ***chaotischen Lagerhaltung*** bedeutet, dass jede einzulagernde Ware computergesteuert einen gerade freien Platz zugewiesen bekommt, der Gewicht, Volumen und Gängigkeit der Ware entspricht. In einem Regal liegen dann verschiedene Artikelgruppen „chaotisch" nebeneinander, doch die Gesamtlagerfläche wird optimal ausgenutzt. Beim Kommissionieren wird die Lagerplatznummer des Artikels vom Computer auf dem *Lieferschein* als Kommissionierunterlage (oder Materialentnahmeschein, Packzettel, Pickzettel etc.) ausgedruckt, wobei vom Lagerverwaltungsprogramm Entnahmekriterien wie „Fifo" (First in – First out /Erstauslagerung älterer Ware) berücksichtigt wird. (Andere Entnahmekriterien sind „Lifo" /Last in – First out für Schüttgüter o. ä. ohne Überalterungsgefahr und „Hifo" /Highest in – First out für Waren mit starken Bezugspreisschwankungen). Voraussetzung für die chaotische Lagerhaltung ist die computergesteuerte Lagerplatzverwaltung; darüber hinaus ist sie aber häufig mit der Einrichtung eines *Hochregallagers* verbunden, dessen große Lagerkapazität durch vollautomatisch gesteuerte Regalförderzeuge zur Ein- und Auslagerung kostengünstig genutzt wird und außerdem das

Kommissionierprinzip „Ware zum Mann" ermöglicht. Ebenso ist aber bei eingeschossigen Lägern und Stapellägern mit manueller Entnahme die chaotische Lagerhaltung anwendbar.
Die eigene Lagerhaltung kann in ***zentraler Organisation*** erfolgen, wenn ein Hauptlager am Firmenstandort unterhalten wird. Dies ist dann besonders vorteilhaft, wenn der Firmenstandort verkehrstechnisch gut angebunden ist (Nähe zu Flugplatz, Autobahn, Güterbahnhof etc.). Die ***dezentrale Organisation*** mit verschiedenen Auslieferungslagern verspricht mehr Absatznähe zum Kunden, bedeutet aber auch höhere Investitionen oder Lagermieten und oft einen höheren Lagerbestand, da Artikel des Kernsortimentes in allen Auslieferungslagern gehalten werden. Ein *offenes Lager* im Freien oder lediglich überdacht ist kostengünstiger als ein *geschlossenes Lager*, bietet jedoch keinen Schutz vor Witterungseinflüssen und ist nur für wenige Warengruppen geeignet.
Schließlich sind bei der Organisation des eigenen Lagers und des Warenausganges auch *Warenkenntnisse* (Spezielle Lagerorte zur Kühlung der Waren, zur Reife oder Veredelung) und gesetzliche Vorschriften zum Brand- und Umweltschutz zu beachten. Die *Verpackungsverordnung* besagt, dass Abfälle aus Verpackungen möglichst zu vermeiden und Verpackungen aus umweltverträglichen Materialien zu bevorzugen sind. Daher bieten sich für die *Transportverpackung* Mehrweg- oder Pendelverpackungen wie Europaletten, Collicos, Zack-Klapp-Faltboxen etc. an, die berechnet (Pfand) oder unberechnet für viele Lager- und Transportvorgänge genutzt werden können. Die *Verkaufsverpackung*, die bis zum Endverbraucher verwendet wird, sollte möglichst aus recycelfähigen Materialien wie Pappe oder Glas bestehen. Füllmaterial in Transportbehältern (Zwischenverpackung) sollte ebenfalls eher aus weiterverwertbaren Naturstoffen (Pappe, Packpapier, Popcornchips etc.) bestehen als z.B. aus Styropor. Auf *Umverpackungen*, zusätzlich zur Verkaufsverpackung für den Endverbraucher zur Selbstbedienung oder zu Werbezwecken bestimmt, sollte weitestgehend verzichtet werden (z.B. Karton um ein Parfümfläschchen). Beim Verpacken der Kommissionen und der Verpackung und Belabelung für den Transport sollten zum Schutz der Ware Verpackungssymbole (Hier oben, Vorsicht zerbrechlich etc.), und Warn- und Hinweiszeichen zum Schutz der Transporteure angebracht werden (Warnung vor feuergefährlichen Stoffen, vor Handverletzungen etc.). Gefährliche Güter, von denen beim Lagern, Ein- und Auspacken und bei der Beförderung Gefahren für Mensch und Umwelt ausgehen, sind in der *Gefahrstoffverordnung* aufgelistet und teilen die Gefahrgüter in neun Gefahrgutklassen ein. Bei deren Transport sind die Bestimmungen der GGVS (Gefahrgutverordnung Straße), der GGVE (Gefahrgutverordnung Eisenbahn) u. a. zu beachten, die regeln, welche Güter überhaupt, welche zusammen und mit welchen besonderen Maßnahmen befördert werden dürfen. Die Deutsche Post AG befördert grundsätzlich kein Gefahrgut.

BAUSTEIN 4

WARENWIRTSCHAFT

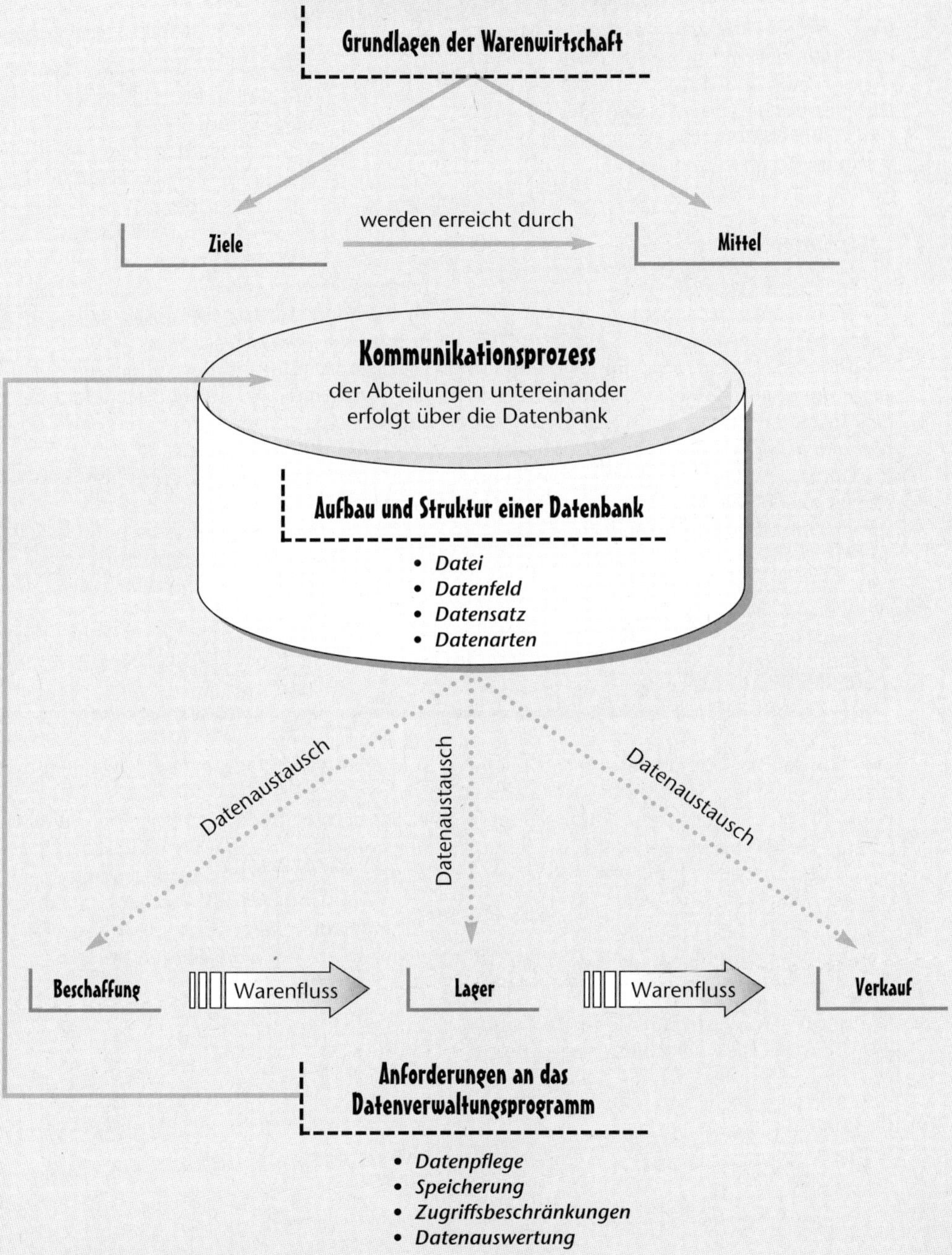

Grundlagen der Warenwirtschaft

Unter Warenwirtschaft versteht man das Verfahren der Auftragsabwicklung. Sofern die einzelnen Abteilungen eine gemeinsame Datenbank (Datenbanksystem) als Informationsquelle verwenden nennt man das ein *Warenwirtschaftssystem (WWS).*

Ziele und Mittel

Die *termingerechte Auftragsabwicklung* (Ziel) wird durch Optimierung der Arbeitsabläufe (Mittel) erreicht. Ein WWS leistet in diesem Zusammenhang folgende Dienste: Durch den schnellen Zugriff auf die aktuellen Daten wird eine artikelgenaue Verfügbarkeitsprüfung und Offene Posten Kontrolle gestattet. Die Möglichkeit, ständige Lagerbestandskontrollen durchzuführen, dient der Sicherung der Lieferbereitschaft. Außerdem kann z. B. durch die Ermittlung der Lagerkennziffern eine Kontrolle der Kostenüberwachung und Minimierung der Kapitalbindung statt finden.
Der *schnelle Kommunikationsprozess der Abteilungen untereinander* soll erzielt werden durch die Bereitstellung von Informationen. Realisiert wird dies dadurch, dass die Daten nur ein mal erfasst werden – dort wo sie entstehen, die dann allen Abteilungen zur Verfügung stehen. Auf diese Weise werden Redundanzen vermieden und die Mitarbeiter haben jederzeit einen Einblick in die aktuellen Daten.
Ein weiteres Ziel ist die Kosteneinsparung durch *automatische Belegerstellung.* Das WWS kann aufgrund der vorhandenen Daten Lieferscheine, Auftragsbestätigungen, Lagerbelege, Ausgangsrechnungen drucken. Außerdem kann das System z. B. bei Erreichen des Meldebestandes Bestellvorschläge machen. Grundsätzlich sind Auswertungen (z.B. Umsatzauswertungen, Renner-Penner-Listen) in Form von Tabellen und/oder Diagrammen möglich.

Kommunikationsprozess

Der Kommunikationsprozess der Abteilungen untereinander erfolgt über eine Datenbank. Alle hier gespeicherten Daten können, sofern die Mitarbeiter zugriffsberechtigt sind, als Information für die Arbeit verwendet werden.

Aufbau und Struktur einer Datenbank

Die dem WWS zugrunde liegende Datenbank besteht aus verschiedenen Dateien: *Artikelstammdatei – Kundenstammdatei* und *Lieferantenstammdatei.*
In den verschiedenen Dateien sind Datenfelder enthalten, die bei Erstellung der Datei sowohl hinsichtlich der Bezeichnung als auch hinsichtlich des Formates (Datum, Zahl also *nummerisch* oder Text also *alphanummerisch*) definiert werden müssen.

Datei	*Artikelstammdatei*	*Kundenstammdatei*	*Lieferantenstammdatei*
Daten-felder	• Artikelnummer • Bezeichnung • …	• Kundennummer • Name • benötigt Artikel-nummer …	• Lieferantennummer • Name • liefert Artikel-nummer …

Diese Form der Datenbank nennt man eine relationale Datenbank, da die Verknüpfung der Dateien hier über das Datenfeld Artikelnummer erfolgt. Das Datenfeld ist somit die kleinste Einheit der Datei.
Innerhalb der einzelnen Dateien werden aus den verschiedenen Datenfeldern Datensätze gebildet. So ist z. B. der Artikelnummer 1000 die Bezeichnung: Schreibtisch zugeordnet usw. Dies nennt man einen ***Datensatz***.

Datei: *Artikelstammdatei:*

Datenfelder	Artikelnummer	Bezeichnung	Preis
Datensatz 1:	1001	Schreibtisch	150,00
Datensatz 2:	1002	Bürostuhl	75,00

Datenarten
Die in den Datenfeldern enthaltenen Daten werden hinsichtlich verschiedener Kriterien in unterschiedliche *Datenarten* unterteilt.
Stammdaten: Daten, die sich selten ändern, z. B. Artikelnummer, Artikelbezeichnung, Kundennummer, Name, Anschrift usw.
Bewegungsdaten: Daten, die sich ständig ändern, wie z. B. Menge, Datum, Rechnungsbeträge, Gesamtumsatz usw.
Ordnungsdaten: Daten, die der Ordnung der Informationen dienen, z. B. Artikelnummer, Kundennummer, Lieferantennummer usw.
Rechendaten: Daten, die den Berechnungsvorgängen dienen, z. B. Menge, Einzelpreis usw.
Eingabedaten: Daten, die als Grundlage für nachfolgende Prozesse dienen, z. B. Lieferantenrabatt, Bestellmenge usw.
Ausgabedaten: Daten, die das Endergebnis des Arbeitsprozesses darstellen, z. B. Rechnungsbetrag, Umsatzzahlen usw.

Beschaffung

Die Abteilung Beschaffung nutzt das WWS
- zur *Bedarfsermittlung* hier werden Umsatzstatistiken als Informationsquelle verwendet,
- zur *Verfügbarkeitsprüfung* durch Zugriff auf die Warenbestandsdatei,
- zur *Ermittlung innerbetrieblicher Bezugsquellen* durch Zugriff auf die Lieferantendatei sowie die dort enthaltenen Vermerke über die mit den Lieferanten vereinbarten Lieferungs- und Zahlungsbedingungen,
- zur *Überwachung der Lieferzeiten*, d.h. Terminkontrollen mithilfe eines Organizers (vgl. Baustein 9: Arbeitsorganisation und Datenverarbeitung).

Lager

In der Abteilung Lager werden die folgenden Aufgaben durch das WWS gelöst. Der

Zugriff erfolgt insbesondere auf die Warenbestandsdatei:

- *Erfassung der Wareneingänge* durch Eingabe der gelieferten Ware in das EDV-System,
- *Lagerplatzverwaltung* durch chaotische Lagerung. Das WWS weiß genau an welchem Platz wie viel und welche Ware vorrätig ist,
- *Erfassung der Auslagerung* durch Eingabe in das EDV-System. Damit wird die Lagerbestandskontrolle und eine *permanente Inventur* ermöglicht.

Verkauf

In der Abteilung Verkauf werden durch das WWS folgende Aufgaben erledigt:

- durch den *Abruf der lieferbaren Artikel* aus der Warenbestandsdatei, wird dem Kunden sofort mitgeteilt, ob und wie kurzfristig die Artikel lieferbar sind,
- die *Angebotserstellung* erfolgt durch Verwendung der Daten aus der Kundenstammdatei und der Artikelstammdatei schnell,
- zur automatischen *Rechnungserstellung* verwendet die Abteilung sowohl die Kunden- als auch die Artikelstammdatei,
- durch die *Offene Posten Kontrolle* können Zahlungseingänge überwacht werden, die eigene Liquiditätsprobleme verhindern soll,
- eine *Mahnung* wird automatisch vorgeschlagen, wenn die Terminkontrolle einen Zahlungsverzug feststellt,
- zusätzlich sind *Renner-Penner-Analysen* aus den Umsatz- und Lagerdaten möglich.

Anforderungen an das Datenverwaltungsprogramm

Die ***Datenpflege***, d. h. Änderung und Löschung der Daten durch Berechtigte ist Voraussetzung, um mit einem Datenbankprogramm sinnvoll arbeiten zu können.
Die permanente ***Speicherung*** der Daten während der Eingabe soll vor Datenverlust schützen (s. auch Baustein 9: Arbeitsorganisation und Datenverarbeitung).
Es müssen ***Zugriffsbeschränkungen*** vorliegen, die die Steuerung des Zugriffs auf die Daten z. B. durch Passwort regeln (s. auch Baustein 9: Arbeitsorganisation und Datenverarbeitung).
Sinn macht das Datenverwaltungsprogramm nur wenn außer Abfragen auch ***Datenauswertung*** möglich sind.

KALKULATION/PREISGEFÜGE

Einflussgrößen der Preisermittlung

Stellung des Unternehmens am Markt

Konkurrenz

Orientiert am Branchenpreis oder am Preisführer

Nachfrage

Ermittlung der Preisobergrenze

Betriebliche Einflussgrößen

Betriebliche Ziele

Steigerung des Marktanteils

Preisstrategien

Preisstellung
Preisdififferenzierung

Kostenorientierung

Bezugspreiskalkulation

Verkaufspreiskalkulation

Deckungsbeitragsrechnung

Kalkulation

	Listeneinkaufspreis (netto)
–	Liefererrabatt
=	Zieleinkaufspreis
–	Liefererskonto
=	Bareinkaufspreis
+	Bezugskosten
=	Bezugspreis/Einstandspreis
+	Handlungskosten (-zuschlag)
=	Selbstkosten
+	Gewinn
=	Barverkaufspreis
+	Vertreterprovision
+	Skonto
=	Zielverkaufspreis
+	Rabatt
=	Listenverkaufspreis (netto)

Handelsspanne

Kalkulationszuschlag
Kalkulationsfaktor

Bezugspreiskalkulation

Verkaufspreiskalkulation

Einflussgrößen der Preisermittlung

Neben der Qualität der Güter ist der Preis ein Hauptentscheidungskriterium für den Kauf des Produktes. Bei der Preisgestaltung sind die Einflussgrößen des Marktes sowie die betrieblichen Bedingungen einzukalkulieren.

Stellung des Unternehmens am Markt

Die Stellung des Unternehmens am Markt wird bestimmt durch die Konkurrenzsituation und die Nachfrage. Die Kalkulation geht hier von einem gegebenen Markpreis aus (Preisobergrenze), zieht davon den geplanten Gewinn und die Handlungskosten ab und gelangt so zu dem Bezugspreis (vgl. Kalkulationsschema, hier Rückwärtskalkulation). Dieser Bezugspreis bildet die Grundlage für Verhandlungen mit den Lieferanten. Wird ein niedrigerer Bezugspreis erreicht, erhöht das den geplanten Gewinn.
Um nicht die *Rückwärtskalkulation* komplett durchführen zu müssen, dient die ***Handelsspanne*** als Hilfsmittel der *verkürzten Kalkulation*. Sie berechnet die Differenz von Listenverkaufspreis und Bezugspreis im Verhältnis zum Listenverkaufspreis.

$$\text{Handelsspanne} = \frac{100 \cdot (\text{Listenverkaufspreis} - \text{Bezugspreis})}{\text{Listenverkaufspreis}}$$

Konkurrenz

Die Preise der Konkurrenz sind dann von Bedeutung, wenn die angebotenen Produkte weitgehend homogen (= gleichartig) sind und es viele Konkurrenten gibt. Der Maßstab für die Preisgestaltung ist dann der ***Branchenpreis***.
Existiert auf dem Markt ein Anbieter mit einem hohen Marktanteil bzw. mehrere Anbieter, die gemeinsam als ***Preisführer*** am Markt agieren, so empfiehlt sich die Orientierung der eigenen Preisgestaltung an diesen Preisen (z. B. Benzinpreis der Mineralölkonzerne).

Nachfrage

Die Preisvorstellungen der Kunden sowie das Budget des Kundenkreises sind ausschlaggebend für die Kalkulation des Preises. Informationen darüber kann die Marktforschung liefern. Über das *Preis-Leistungsverhältnis* entscheidet der Kunde, ob er einen höheren Preis wegen des erwarteten Zusatznutzens akzeptiert. Damit bestimmt der Kunde die ***Preisobergrenze***.

Betriebliche Einflussgrößen

Betriebliche Ziele

In Abhängigkeit von der Marktsituation werden die betrieblichen Ziele festgelegt. Diese können neben der ***Steigerung des Marktanteils*** durch Umsatzsteigerung auch die Verfolgung ökologischer Ziele sein.

Preisstrategien

Die ***Preisstellung*** beschäftigt sich mit der Entscheidung, ob die Preise nach dem Brutto- oder Nettopreissystem angeboten werden. Beim *Bruttopreissystem* werden zusätzlich Rabatte gewährt (z. B. Mengenrabatte, Naturalrabatte, Wiederverkäuferrabatte, Treuerabatte). Beim *Nettopreissystem*

werden dem Käufer Endpreise genannt, die einen Rabattabzug nicht ermöglichen.
Bei der ***Preisdifferenzierung*** werden für das gleiche Produkt unterschiedliche Preise verlangt. Die Preisgestaltung ist abhängig von personellen (z. B. Schülerpreise), mengenmäßigen (z. B. Groß- oder Kleinpackung), zeitlichen (z. B. Telefongebühren) oder räumlichen (z.B. Benzinpreise) Kriterien. Die Preisdifferenzierung dient im Rahmen der Preis- und Konditionenpolitik auch als Marketinginstrument (vgl. 6. Baustein).

Kostenorientierung

Bezugspreiskalkulation

Eine rein kostenorientierte Preisgestaltung ist die Kalkulation. Die *Bezugspreiskalkulation* wurde schon im Baustein 2 – Beschaffung dargestellt. Die vom Lieferanten vorgegebenen Lieferungs- und Zahlungsbedingungen bestimmen den *Bezugspreis* der Waren.
Werden mehrere Waren in einer Sendung geliefert, so entstehen Bezugskosten für die gesamte Sendung. Für die Kalkulation des Verkaufspreises einer Ware, ist es wichtig, diese Bezugskosten in Wert- und Gewichtsspesen zu unterteilen. *Wertspesen* werden entsprechend dem Wert der Ware berechnet (z.B. Versicherungen, Provisionen, Bankspesen). *Gewichtsspesen* werden entsprechend dem Bruttogewicht der Ware verteilt (z. B. Fracht, Verladekosten, Rollgeld).

Verkaufspreiskalkulation

Der *Verkaufspreis* der Ware wird entsprechend der Kostenorientierung kalkuliert: durch die in der Kosten- und Leistungsrechnung ermittelten *Handlungskosten*, den *angestrebten Gewinn* und die gewährten *Verkaufskonditionen* (Lieferungs- und Zahlungsbedingungen).
Folgende *Verkaufskonditionen* beeinflussen den Preis:

- die Vereinbarung von Mindestabnahmemengen,
- Vereinbarung von Mindermengenzuschläge,
- Rabattgewährung* (Wiederverkäufer-, Mengen-, Treue-, Natural-, Sonderrabatt),
- die Gewährung eines Bonus (Umsatzbonus am Ende eines Jahres),
- Skontogewährung* (für vorzeitige Zahlung),
- die Gewährung eines Zahlungsziels* und evtl. Valuta (Zahlungsbedingungen beziehen sich auf eine vordatierte Rechnung),
- Beförderungskosten*, z.B. Frankogrenzen (Lieferung frei Haus innerhalb eines vorher bestimmten Umkreises z. B. 100 km) und ,
- Vereinbarung kundenorientierter Lieferzeiten (Übernahme der Lagerhaltung),
- besondere Garantie- und Kulanzregelungen.

Die mit * gekennzeichneten Konditionen finden sich in der Verkaufskalkulation als Posten wieder (vgl. Übersicht). Die Gestaltung der Verkaufskonditionen ist auch als Marketinginstrument von großer Bedeutung (vgl. Baustein 6 – Marketing).
Die *Verkaufskalkulation* unterscheidet zwischen *Einzelkosten* (Einstandpreis der Waren, Verkaufsprovisionen und Ausgangsfrachten) und den *Gemeinkosten* (z.B. Gehälter, Lagermiete, Gebäudeversicherung) und gehört deshalb zur *Vollkostenrechnung*. Die Gemeinkosten sind entsprechend der Kostenrechnung als *Handlungskostenzuschlag* ermittelt worden (vgl. auch Baustein 12 – Kosten- und Leistungsrechnung, Controlling).

$$\text{Handlungskostenzuschlagssatz} = \frac{\text{Handlungskosten} \cdot 100}{\text{Wareneinsatz}}$$

Besonderheiten der Verkaufskalkulation:

Rückwärtskalkulation ↑ / Vorwärtskalkulation ↓		
Bezugspreis/Einstandspreis	100%	
+ Handlungskosten(-zuschlag)	+ 30%	
Selbstkosten	**130%**	100%
+ Gewinn		+ 15%
Barverkaufspreis	95%	**115%**
+ Vertreterprovision	+ 3%	
+ Skonto	+ 2%	
Zielverkaufspreis	**100%**	75%
+ Rabatt		+ 25%
Listenverkaufspreis (netto)		**100%**

Differnz-kalkulation

Diese aufwendige Rechnung wird durch die *verkürzte Kalkulation* ersetzt, indem als Ausgangspunkt der Bezugspreis mit 100% angesetzt wird.

Ist der Listenverkaufspreis bekannt, so berechnet sich der **Kalkulationszuschlag** aus der Differenz zwischen Listenverkaufspreis und Bezugspreis im Verhältnis zum Bezugspreis.

$$\text{Kalkulationszuschlag} = \frac{100 \cdot (\text{Listenverkaufspreis} - \text{Bezugspreis})}{\text{Bezugspreis}}$$

Sind nur die Zuschlagssätze bekannt, so wird ausgehend von einem Bezugspreis, der mit 100 DM angesetzt wird, stufenweise der Kalkulationszuschlag ermittelt.

Zusätzlich kann auch der **Kalkulationsfaktor** ermittelt werden. Bei bekannten Preisen stellt er das Verhältnis zwischen Listenverkaufspreis und Einstandspreis dar.

$$\text{Kalkulationsfaktor} = \frac{\text{Angebotspreis}}{\text{Bezugspreis}}$$

Sind nur die Zuschlagssätze bekannt, so wird der Kalkulationsfaktor berechnet, indem man den Einstandspreis mit 1 ansetzt und dann stufenweise die Zuschlagssätze ausrechnet.

Ist der Kalkulationsfaktor gegeben, kann durch Umstellung entweder der Bezugspreis oder der Angebotspreis ermittelt werden.

$$\text{Angebotspreis} = \text{Bezugspreis} \cdot \text{Kalkulationsfaktor}$$

$$\text{Bezugspreis} = \frac{\text{Angebotspreis}}{\text{Kalkulationsfaktor}}$$

Während die *Rückwärtskalkulation* bei gegebenem Marktpreis, den Bezugspreis ermittelt, wird bei der *Vorwärtskalkulation* bei gegebenem Einstandspreis der Listenverkaufspreis berechnet. Die *Differenzkalkulation* geht von gegebenem Einstandspreis und gegebenem Listenverkaufspreis aus und errechnet dann den Gewinn bzw. den Gewinnzuschlag.

Deckungsbeitragsrechnung

Eine rein auf die *Kostendeckung* ausgerichtete Preispolitik ermittelt die *Preisuntergrenze* mithilfe der *Teilkostenrechnung* (*Deckungsbeitrag*) vgl. 12. Baustein. Zur Ermittlung des Deckungsbeitrages werden die Kosten in fixe und variable Kosten unterteilt.

Die *kurzfristige Preisuntergrenze* ergibt sich dann, wenn die variablen Kosten (Einstandspreis + variabler Teil der Handlungskosten) gedeckt sind. Dann ist der Deckungsbeitrag = 0, d. h. die Umsatzerlöse decken nur die variablen Kosten. Jeder höhere Betrag trägt zur Deckung der Fixkosten bei und kann ein Entscheidungskriterium für die Sortimentsplanung liefern.

	Umsatzerlöse
–	variable Kosten (Einstandspreis + variable Handlungskosten)
=	Deckungsbeitrag
–	fixe Kosten
=	Gewinn oder Verlust

MARKETING (VERKAUF)

Marktforschung

Erforscht den Markt hinsichtlich des Bedarfs, der Konkurrenz und des Absatzes

Primärforschung

- *Marktanalyse*
- *Marktbeobachtung*
- *Marktprognose*

Sekundärforschung

Schreibtischforschung

beeinflusst

Marketinginstrumente

- **Produkt- und Sortimentspolitik**
- **Preis- und Konditionenpolitik**
- **Distributionspolitik**
- **Kommunikationspolitik**

Absatzwerbung

Werbegrundsätze beeinflussen *Werbeplan* beeinflusst *UWG*

Verkauf

Vorbereitung

- *Kundengespräche*
- *Angebote erstellen*
- *Analyse der Kundenstruktur*

Bearbeitung

- *Auftragsannahme*
- *Auftragserfassung*
- *Auftragsbearbeitung*

Reklamationen durch Kunden

- *Garantie*
- *Kulanz*

Marketing ist eine am Käufermarkt orientierte Ausrichtungen der Entscheidungen über Produktangebot, Preis, Sortiment, Werbemaßnahmen und Vertriebswege. Unter Käufermarkt versteht man einen Markt, an dem das Angebot größer als die Nachfrage ist. Das Marketing kann sich außer auf den Absatz auch noch auf folgende Bereiche beziehen: die Beschaffung, die Finanzen oder das Personal.
Ziele des Marketings sind: Steigerung des Umsatzes bzw. Marktanteils, Deckung des Bedarfs, Erzielung positiver Deckungsbeiträge, Risikostreuung durch Ausdehnung des Leistungsangebots des Unternehmens auf ganz neue Gebiete (Diversifikation), Steigerung von Image und Bekanntheitsgrad des Unternehmens bzw. der Produkte.
Grundlage, für die Entscheidungen beim Absatzmarketing bildet die Erforschung des Käufermarktes im Rahmen der Marktforschung. Danach wird über den Einsatz der absatzpolitischen Instrumente entschieden. Die Kombination mehrerer absatzpolitischer Instrumente nennt man *Marketing-Mix*.

Marktforschung

Die Marktforschung dient der *Informationsgewinnung* über den aktuellen Absatzmarkt. Folgende Bereiche werden dabei erforscht: der Bedarf (z. B. Konsumentenverhalten, Kaufkraft der möglichen Kunden und der deren möglicher Bedarf), die Konkurrenz (z. B. Anzahl der Konkurrenten und deren Marktanteil, Markstrategie der Konkurrenz) und der Absatz (z. B. Bekanntheitsgrad der Produkte bzw. des Unternehmens). Dabei bedient sich das Unternehmen verschiedener *Methoden der Marktforschung*: Primär- und Sekundärforschung).

Primärforschung

Die Primärforschung ist die Erhebung von Daten unmittelbar am Markt. Da diese Art der Marktforschung sehr aufwendig ist, wird diese Aufgabe oft speziellen Marktforschungsinstituten übertragen.
Die ***Marktanalyse*** ist eine auf einen bestimmten Zeitpunkt bezogene Erforschung des Marktes. Sie kann in Form einer Befragung (persönlich, telefonisch oder schriftlich), einer Beobachtung (z. B. Untersuchung des Verhaltens bestimmter Personen) oder eines Experiments (z. B. Untersuchung von Ursache und Wirkung bestimmter Bedingungen) durchgeführt werden.
Die ***Marktbeobachtung*** ist eine langfristig Beobachtung des Marktes mit dem Ziel, Entwicklungstendenzen zu erforschen. Dazu wird ein immer gleich bleibender Personenkreis in bestimmten Zeitabständen immer wieder befragt (Panel).
Die ***Marktprognose*** bedient sich der Marktanalyse und der Marktbeobachtung mit dem Ziel, zukunftsorientierte Prognosen über den Absatzmarkt daraus zu gewinnen.

Sekundärforschung

Die Sekundärforschung wird auch ***Schreibtischforschung*** genannt, da alle zu dieser Forschung notwendigen Informationen aus vorhandenen Daten gewonnen werden. Dies können sein: Daten aus dem eigenen WWS (z.B. Rechnungswesen, Einkaufs- oder Umsatzstatistiken usw.), Berichte von Reisenden oder externer Daten, wie Pressemitteilungen, Informationen aus veröffentlichten Statistiken der Ministerien usw.

Marketinginstrumente

Die absatzpolitischen Maßnahmen, mit denen die im Marketing festgelegten Ziele erreicht werden, nennt man Marketinginstrumente.

Produkt- und Sortimentspolitik

Sie beschäftigt sich mit der Ausrichtung des Produktangebotes und der Zusammenstellung des Sortiments in Anlehnung an die Käuferinteressen (s. auch im Baustein 2 – Beschaffung). Eine Veränderung der Nachfrage beeinflusst den *Lebenszyklus* eines Produkte (Entwicklung, Einführung, Wachstum, Reife, Sättigung, Degeneration). Im Bereich der Sättigung beginnt der Gewinn zu sinken, sodass Produktinnovationen oder Produktvariationen notwendig werden.
Innovation der Produkte bedeutet, dass neu entwickelte Produkte, die das Sortiment ergänzen, in das Sortiment aufgenommen werden. Werden neuartige Produkte, die nichts mit dem Sortiment zu tun haben, in das Sortiment aufgenommen, so spricht man von *Diversifikation*. Ziel dieser Maßnahme ist die Wachstumssicherung und Risikostreuung.
Bei der *Produktvariation* werden nur teilweise Veränderungen der Produkte vorgenommen: z.B. Änderungen der Verpackung, Änderungen der chemischen Zusammensetzung bestimmter Produkte oder Aktualisierung der äußeren Form eines Produktes.

Preis- und Konditionenpolitik

Die Preis- und Konditionenpolitik beschäftigt sich mit den Fragen der *Preiskalkulation*, der *Preisstellung*, der *Preisdifferenzierung*, sowie den *Verkaufskonditionen* und *Zusatzleistungen*. Beeinflusst wird die Preis- und Konditionenpolitik durch die Kosten, die Nachfrage, betriebliche Ziele und die Konkurrenzsituation. Sie ist ausführlich im Baustein 5 – Kalkulation/Preisgefüge behandelt.
Außerdem kann die Kaufentscheidung beeinflusst werden durch folgende *Zusatzleistungen*: *Garantie* (Gewährleistungsansprüche), *Service* (wird zusätzlich angeboten), *Kundendienst* (Betreuung, die entgeltlich oder unentgeltlich angeboten wird) und *Qualitätsgarantien* (DIN-Normen, sollen das Vertrauen in das Produkt stärken).

Distributionspolitik

Die Distributionspolitik legt die *Absatzwege* und die *Absatzmittler* fest. Beim *direkten Absatz* werden die Waren direkt vom Unternehmen an den Endverbraucher verkauft. Diese Form des Absatzes erfolgt über Absatzmittler, wie Reisende, Handelsvertreter, Kommissionäre, Makler, Verkaufsniederlassungen, Versandhandel, Online-Verkauf, Hausmessen, Ausstellungen, Vertragshändler, Franchising (letzte beiden Nennungen vgl. Baustein 1 – Ausbildungsunternehmen).
Der *indirekte Absatz* erfolgt über selbstständige Handelsunternehmen. Den Kontakt zu diesen Unternehmen können Reisende oder Handelsvertreter herstellen.
Die *Absatzmittler* werden unterschieden in: *unternehmenseigene Absatzorgane* (z.B. Verkaufsniederlassungen, Reisende, Versandhandel und Online-Verkauf), *unternehmensfremde Absatzorgane* (z.B. Handelsvertreter, Makler, Kommissionäre), *Marktveranstaltungen*, (z.B. Messen, Ausstellungen).
Der Vorteil der *Verkaufsniederlassungen* liegt in der fachgerechten Beratung und dem Angebot an Service und Kundendienst. Nachteilig wirken sich hier die hohen Kosten des Vertriebsnetzes aus.

Der *Reisende* ist Angestellter des Unternehmens und erhält neben einem festen Gehalt, eine umatzabhängige Provision und Spesen. Zu seinen Aufgaben gehört der Abschluss von Kaufverträgen, die Annahme von Zahlungen (mit entsprechender Vollmacht) sowie die Entgegennahme von Mängelrügen. Da er Mitarbeiter des Unternehmens ist, kann er flexibel eingesetzt werden und konzentriert sich auf den Absatz des Produktes nur eines Unternehmens.
Der *Handelsvertreter* als selbstständiger Kaufmann schließt mit dem Unternehmen einen Agenturvertrag ab und erhält als Abschlussvertreter die Vollmacht, Verträge im Namen und auf Rechnung seines Auftraggebers abzuschließen. Zusätzlich hat er auch das Inkassorecht. Seine Bezahlung erfolgt in Form einer Provision, entweder als Abschlussprovision (für die Vermittlung eines Auftrags), als Delkredereprovision (bei Zahlung des Kunden, wenn der Handelsvertreter für den Eingang der Zahlung haftet) und/oder als Inkassoprovision (wenn er die Zahlung entgegen nimmt). Die Vertretung konkurrierender Produkte ist ihm untersagt.
Der *Kommissionär* verkauft gewerbsmäßig im eigenen Namen und für fremde Rechnung Waren. Aufgrund des Kommissionsvertrages wird die Höhe der Provision festgelegt, die nach Ausführung des Geschäftes bezahlt wird. Außerdem erhält der Kommissionär Aufwendungsersatz, z. B. für Lagermiete, Transportkosten usw. Er haftet für Verlust oder Beschädigung des Kommissionsgutes während es sich in seinem Besitz befindet.

Die Kommunikationspolitik

Die Kommunikationspolitik setzt sich zusammen aus der Absatzwerbung, der Verkaufsförderung und der Öffentlichkeitsarbeit:

Absatzwerbung

Die *Aufgaben der Werbung* können in der *AIDA-Formel* zusammengefasst werden:
A = Attention (Aufmerksamkeit erzeugen), I = Interest (Interesse wecken), D = Desire (Wünsche nach Produkten erregen), A = Action (Kauf des Produktes).
Die Festlegung der *Werbeziele* beschäftigt sich mit der Frage, warum geworben wird. Betriebswirtschaftliche Ziele können sein, z. B. Gewinnmaximierung, Erhöhung des Marktanteils usw. Weitere Ziele sind: z. B. Bedürfnisse wecken, neue Produkte auf dem Markt einführen, neue Kunden dazu gewinnen und die Stammkunden behalten.

Werbegrundsätze

Bei der Werbung sollten folgende *Werbegrundsätze* angewendet werden. Die Werbung sollte an den Käuferwünschen orientiert sein, um *wirksam* zu sein. Außerdem sollte sich sachlich richtig, also *wahr* sein und dem Verbraucher so dargeboten werden, dass *klar* wird, um welches Produkt, mit welchen Eigenschaften es sich handelt. Zusätzlich muss der Werbeerfolg auch messbar sein durch eine Kontrolle, wie *wirtschaftlich* die Werbung war.

Werbeplan

Sind die übergeordneten Ziele festgelegt wird ein Werbeplan erstellt, der Entscheidungen über die folgenden Auswahlkriterien beinhaltet:
Die Entscheidung hinsichtlich der *Werberegion* (= *Streugebiet*) ist die geografische Festlegung der Region, in der die Werbemaßnahme erfolgen soll. Wichtig im Rahmen der Werbeplanung, ist die Entscheidung über die *Werbezeit* oder den Zeitraum, in dem die Werbungkampagne durchgeführt werden soll (= *Streuzeit*). Grundlage für die Orientierung der Werbung an den Käuferwünschen ist die Festlegung der *Zielgruppen*. Der Kreis der Personen, die um-

worben werden sollen, wird *Streukreis* genannt.
Die *Werbearten* werden entsprechend der Zahl der Umworbenen unterschieden in die *Einzelwerbung* (z. B. Werbebrief) bzw. die *Massenwerbung* (z. B. TV-Werbung). Die *Individualwerbung* und die *kooperativen Werbung* unterscheidet hinsichtlich der Zahl der Werbenden. Bei der kooperativen Werbung wird zusätzlich zwischen *Sammelwerbung* (z. B. Werbung aller Hotels einer Stadt) und die *Gemeinschaftswerbung* (z.B. Werbung einer Branche für deren Produkte) unterschieden.
In Abhängigkeit vom Werbegegenstand wird eine Werbebotschaft formuliert, die mit den passenden *Werbemitteln* den Kunden erreichen soll. Entsprechend der Wahl der Werbemittel stehen verschiedene *Werbeträger* zur Auswahl:
Die *visuelle Werbung* erfolgt z. B. per Inserat, Plakat oder Werbebrief. Der entsprechende Werbeträger sind Zeitungen oder Illustrierten, Plakatsäulen, Zustellung der Post. Die *akustische* Werbung erfolgt durch Werbetexte bzw. Gespräche. Als Werbeträger dienen z. B. Rundfunk, Sportveranstaltungen, Messen, Ausstellungen, Gespräche mit Außendienstmitarbeitern. Die *audio-visuelle* Werbung in Form von Fernseh- oder Kinospots nutzt als Werbeträger das Fernsehen bzw. das Kino.
Den für eine Werbekampagne festgelegten Werbeaufwand nennt man den *Werbeetat.* Maßstab, um die Wirtschaftlichkeit der Werbung messen zu können, ist ein gestiegener Umsatz, Marktanteil oder Gewinn nach einer Werbekampagne. Eine Formel zur Messung des *Werbeerfolges* ist: *Werbewirtschaftlichkeit = Umsatzzuwachs ÷ Werbeaufwand.*
Die *Verkaufsförderung (Sales Promotion)* richtet sich an die am Verkauf beteiligten Gruppen. Für die *Außendienstpromotion* werden z. B. Verkäuferschulungen und -trainingsprogramme angeboten, spezielle Prämien oder Gewinnspiele ausgeschrieben usw. Für die *Händler* werden zusätzlich Schulungen über Verkaufsraumgestaltungen, Schaufensterauslagen usw. angeboten. Außerdem kann hier in Form der *Sprungwerbung* der *Kunde* direkt angesprochen werden, durch kostenlose Proben, Tauschaktionen, Vorführungen, usw.
Ziel der *Öffentlichkeitsarbeit (Public Relation = PR)* ist, das Image des Unternehmens in der Öffentlichkeit zu verbessern. Erreicht werden kann das z. B. durch Vorstellung des Unternehmens bei öffentlichen Veranstaltungen („Tag der offenen Tür"), Präsentation des Unternehmens in den Medien (TV-Spots, Presseberichte) oder Maßnahmen, wie Förderung spezieller Projekte (Spenden für karitative Zwecke).

UWG

Zur Wahrung eines fairen Wettbewerbs hat der Gesetzgeber durch das *Gesetz gegen den Unlauteren Wettbewerb (UWG)* eine Rechtsgrundlage geschaffen. Dabei sollen auch die Verbraucher vor unlauteren Irreführungen der Gewerbetreibenden geschützt werden. In § 1 des UWG ist die Generalklausel enthalten, die festgelegt, dass die Werbung nicht gegen die guten Sitten verstoßen darf. Wird gegen das UWG verstoßen, kann auf Unterlassung und Schadenersatz geklagt werden. In den weiteren Paragraphen sind die Formen sittenwidriger Werbung, die verboten sind im Einzelnen genannt.
Irreführende Werbung (z. B. falsche Angaben über das Unternehmen selbst, Herkunft und Preis der Waren und über den Zweck des Verkaufs). *Vergleichende Werbung* ist grundsätzlich verboten. Beziehen sich die Vergleiche auf die Produktgruppe allgemein, und nennen nicht den Namen der Konkurrenz, dann ist vergleichende Werbung bezüglich der Preise, des Fortschritts und der Eigenschaften erlaubt.
Andere Formen der *sittenwidrigen Werbung,* die verboten sind, sind die Diskriminierung von Personen oder Personengruppen; die Werbung mit angsterzeugendem oder unmoralischem Inhalt; Werbung, die die Kon-

kurrenz anschwärzt; Werbung, die Geschäftsgeheimnisse verrät oder geschützte Begriffe verwendet (die auf andere Unternehmen schließen lässt).

Verkauf

Vorbereitung

Im Großhandel spielt das *Vorbereiten und Durchführen von* ***Kundengesprächen*** nur dann eine Rolle, wenn es sich um größere Aufträge handelt, wenn das Unternehmen über Verkaufsniederlassungen verfügt oder bei Messen. Die vier Phasen der Verkaufsgesprächs orientieren sich an der AIDA-Formel: Aufmerksamkeit, Interesse, Kaufwunsch und Kaufhandlung.

Der Erfolg des Verkaufsgesprächs ist abhängig vom Inhalt des Gesprächs sowie von verbalen und nonverbalen Faktoren. Die verbale Kommunikation basiert auf der verwendeten Sprechtechnik, wie Aussprache, Sprechtempo, Lautstärke, Sprechpausen und Stimmhöhe. Grundlage der nonverbalen Kommunikation sind die äußere Erscheinung (z. B. Kleidung, Auftreten, Umgangsformen) und die Körpersprache (z. B. Gesichtsausdruck, Mimik, Gestik und Körperhaltung).

Zeigt der Kunde Interesse, müssen aufgrund der Anfragen, die telefonisch, persönlich, schriftlich oder durch Absatzmittler eingehen, ***Angebote erstellt*** werden. Erfolgt eine Bestellung des Kunden, so muss die Lieferfähigkeit und die Bereitschaft, mit dem neuen Kunden eine Geschäftsbeziehung aufzubauen überprüft werden. Die Lieferfähigkeit wird anhand der Lagerbestandsdatei überprüft (s. Baustein 4 – Warenwirtschaft).

Zur Prüfung der Lieferwilligkeit gehört die ***Analyse der Kundenstruktur*** hinsichtlich der *Auftragshöhe, Bonität und Zahlungsmoral.* Handelt es sich um einen bekannten Kunden, so kann die Lieferwilligkeit anhand der Kundendatei (Angaben über die Zahlungsmoral des Kunden) überprüft werden. Bei einem neuen Kunden sollten Informationen über *Auskunfteien* (z. B. „Creditreform", „Schimmelpfeng") eingeholt werden. Dies ist insbesondere bei hohen Auftragswerten empfehlenswert.

Bearbeitung

Fallen die Entscheidungen positiv aus, führt das zur ***Auftragsannahme*** (vgl. 2. Baustein: Beschaffung). Danach erfolgt die ***Auftragserfassung,*** wobei zunächst eine Auftragsnummer vergeben wird. Die Kundendaten und die Auftragsdaten werden dabei in die entsprechenden Dateien aufgenommen.

Die ***Auftragsbearbeitung*** vollzieht sich in folgenden Schritten: Erstellung eines Lieferscheins, Kommissionierung der Ware anhand des Lieferscheins, Erstellung eines Versandauftrages (mit den entsprechenden Versandpapieren), Bereitstellung zur Auslieferung bzw. Selbstabholung, Erfassung der Lagerbestandsveränderung, Fakturierung (Erstellung der Ausgangsrechnung), Übergabe/Versand der Ausgangsrechnung, Überwachung des Zahlungseingangs.

Reklamationen durch Kunden

Trifft nach Abschluss des Kaufvertrages eine *Kundenreklamation* ein, so muss kontrolliert werden, ob sie berechtigt ist und ob sie noch im Rahmen der Gewährleistungsfrist liegt. (vgl. 2. Baustein: Beschaffung). Fällt die Reklamation noch in den Rahmen der ***Garantie,*** wird entweder eine Ersatzlieferungen oder eine Gutschriften angeboten.

Liegt die Reklamation außerhalb der Garantie, so muss entschieden werden, ob aus Kulanzgründen ebenfalls eine Ersatzlieferung bzw. Gutschrift angeboten werden kann.

Die ***Kulanz*** ist eine über das gesetzliche Maß hinaus gehende Gewährleistung, um dem Kunden einen Gefallen zu tun und sich von der Konkurrenz abzuheben.

BAUSTEIN 7
WARENDISTRIBUTION

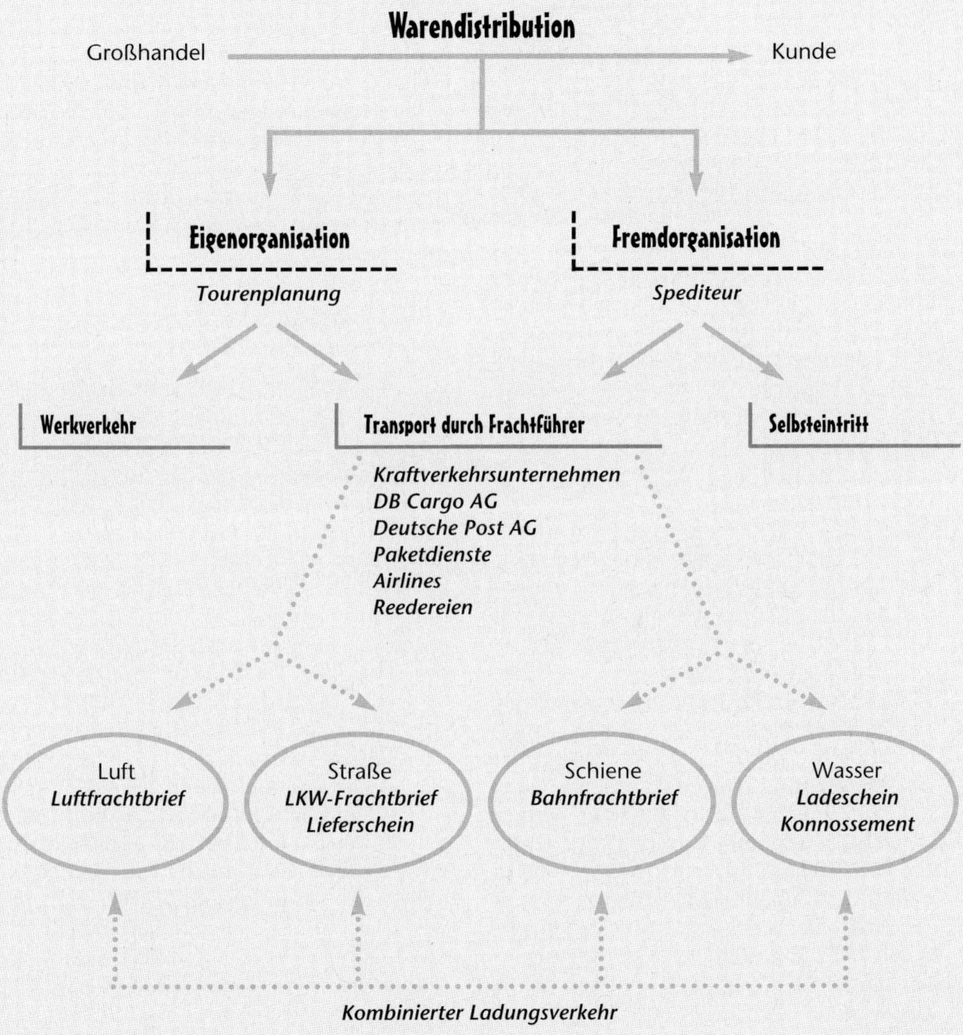

Warendistribution

Eigenorganisation

Großhändler können ihre Kunden in Eigenorganisation beliefern oder einen Spediteur beauftragen. Eigenorganisation bedeutet, in einen Fuhrpark zu investieren und mit diesem prinzipiell im **Werkverkehr** zu versenden; nur in Ausnahmefällen werden zusätzlich Frachtverträge für den Fremdtransport abgeschlossen. Die Entscheidung über die Nutzung des eigenen Fuhrparks oder der Beauftragung von Frachtführern fällt bei der ***Tourenplanung,*** die im günstigsten Falle mit dem Warenwirtschaftssystem verknüpft ist. Eine optimale computergesteuerte Tourenplanung beachtet Kundendaten (Entfernung, gewünschte Anlieferungszeit etc.), Auftragsdaten (Mengen, Verpackung, Besonderheiten der Sendung etc.), Fahrzeugdaten (Ladekapazitäten, Zugänglichkeit des Stauraumes etc.), Personendaten (Arbeitszeit der Fahrer, Pausen etc.) und Streckendaten (Länge der Strecke, Fahrzeit etc.). Nach der fertigen Tourenplanung werden die Lkws zuerst mit der Sendung beladen, die als letztes wieder ausgeladen wird. Als Versandpapier wird im Werkverkehr der Lieferschein verwendet.

Nach dem *Güterkraftverkehrsgesetz* muss der Betrieb von Werkverkehr beim Bundesamt für Güterverkehr angemeldet werden, ist jedoch nicht erlaubnispflichtig. Durch das im Güterkraftverkehrsgesetz geregelte Verbot der Mitnahme von Gütern für Dritte ergeben sich Leerfahrten (Rückfahrt) und damit eine höhere Umwelt- und Verkehrsbelastung. Da der Werkverkehr neben der Investition in die Fahrzeuge und die Stellplätze hohe Kosten für Personal, Unterhalt der Fahrzeuge, Abschreibungen etc. verursacht, lohnt er sich erst bei hohen Umsatzzahlen, wenn der Fuhrpark ständig ausgelastet ist. Aber selbst dann ist zu bedenken, dass das Transportrisiko und Versicherungsrisiko beim Großhändler verbleibt und die Personalkosten als fixe Kosten auch bei geringerem Beschäftigungsgrad anfallen. Allerdings haben die eigenen Fahrer direkten Kundenkontakt, auf Reklamationen und Kundenwünsche kann schneller reagiert und weitere Verkaufsmöglichkeiten können erkundet werden, was zur Verkaufsförderung beiträgt. Die Lkws können durch Werbeaufschriften außerdem als Werbeträger genutzt werden.

Fremdorganisation

Viele Großhändler überlassen den Gütertransport der Fremdorganisation eines ***Spediteurs***, der nach §§ 453 ff HGB gewerbsmäßig Güterversendungen durch Frachtführer für Rechnung des Versenders im eigenen Namen besorgt. Der Spediteur organisiert den Transport im Interesse des Auftraggebers, befolgt dessen Weisungen und trägt das Transportrisiko (Haftung), außer bei durch Versäumnisse des Versenders entstandene Schäden. Dafür erhält er eine Vergütung oder hat andernfalls ein Pfandrecht an den Gütern in Höhe seiner aus dem Speditionsvertrag entstandenen Forderungen. Die Spediteure unterhalten meist einen eigenen Fuhrpark und haben das Recht, die Sendungen mit ihren Lkws im **Selbsteintritt** zu transportieren. In diesem Fall erhalten sie neben der Vergütung auch die Fracht für den Transport, da sie Spediteur und Frachtführer zugleich sind. Alternativ beauftragen die Spediteure mit Frachtvertrag den Transport durch verschiedene Frachtführer. Oft übernehmen Spediteure auch Lagerfunktionen, organisieren Transportketten mit verschiedenen Verkehrsträgern und erledigen das Ausstellen von Dokumenten sowie die Zollabwicklung.

Zu den Spediteuren zählt auch die *Bahntrans*, die als privates Unternehmen den Stückguttransport von der Deutschen Bahn übernommen hat (die Deutsche Bahn AG ist noch zu einem geringen Prozentsatz an der Bahntrans beteiligt). Die Bahntrans transportiert im Selbsteintritt mit eigenen Lkws (als Fracht, als Express/Beförderung bis zum nächsten Werktag nachmittag und als Express Plus/Beförderung bis zum nächsten Werktag vormittag) und beauftragt außerdem die DB Cargo AG mit dem Transport von kompletten Einzelwagen oder Wagengruppen, nachdem sie die Stückgüter zu *Sammelladungen* zusammengestellt hat. Zusätzlich bietet die Bahntrans mit der Beauftragung der Bahn als Frachtführer den IC-Kurierdienst für Kleingüter bis 10 kg, Beförderung am Tage der Einlieferung von Bahnhof zu Bahnhof mit Lieferzeitgarantie, jedoch nicht für Wertsachen oder Gefahrgut. Trifft das IC-Kuriergut nicht mit dem vorgesehenen IC-Zug am Bestimmungsbahnhof ein und wird dort bereitgestellt, wird das Beförderungsentgelt erstattet. Die Bahntrans haftet wie jeder andere Spediteur nach § 461 HGB. Transportpapier bei der Bahntrans ist der Speditionsauftrag.

Transport durch Frachtführer

Frachtführer nach §§ 407 ff HGB ist derjenige, der das Gut zum Bestimmungsort befördert und dort an den Empfänger abliefert. Der Frachtvertrag wird zwischen dem Spediteur und dem Frachtführer oder zwischen dem Versender und dem Frachtführer direkt geschlossen. Für das ordnungsgemäße Durchführen des Transportes erhält der Frachtführer die Fracht oder hat andernfalls ein Pfandrecht an den Gütern in Höhe seiner aus dem Frachtvertrag entstandenen Forderungen. Grundlage für die Frachtberechnung ist das Bruttogewicht der Sendung (inklusive Verpackung), die Entfernung und besondere Beförderungsleistungen wie erhöhte Schnelligkeit etc..

Kraftverkehrsunternehmen, die auf der Straße transportieren, befördern auf der Grundlage des *Güterkraftverkehrsgesetz* und sind erlaubnispflichtig. Die Erlaubnis zur Beförderung wird jeweils fünf Jahre erteilt und dann neu überprüft. Der Eigner eines Güterkraftverkehrsunternehmens muss dabei seine *persönliche Zuverlässigkeit*, seine *fachliche Eignung* und seine *finanzielle Leistungsfähigkeit* nachweisen. Seitdem die EU-Kabotage (beschränkte Lizenzvergabe) im Güterkraftverkehr entfallen ist, genügt die erlangte Erlaubnis in Verbindung mit einer Gemeinschaftslizenz, um in allen EU-Ländern transportieren zu dürfen. Güterkraftverkehrsunternehmen tragen das Transportrisiko und sind nach *Güterkraftverkehrsgesetz* verpflichtet, sich gegen alle Schäden zu versichern. Als Transportpapier wird ein ***Lkw-Frachtbrief*** (CMR) oder ein ***Lieferschein*** verwendet.

Die ***DB Cargo AG*** transportiert im Schienenverkehr Massengüter als geschlossene Züge, Wagengruppen oder Einzelwagen, jedoch *kein* Stückgut. Neben dem Standardangebot für Wagenladungen bietet sie Im *Inter-Cargo-Verkehr* die Beförderung über Nacht mit garantierter Ankunftszeit bis zum nächsten Morgen 10:00 Uhr zwischen achtzehn bedeutenden Wirtschaftszentren in Deutschland. Die Haftung für Beschädigung und Verlust (max. 100,00 DM je kg Rohgewicht) oder Lieferfristüberschreitung (max. dreifache Höhe der Fracht) ist nach EVO (Eisenbahnverkehrsverordnung) geregelt. Die DB Cargo AG bietet zusätzlich Möglichkeiten im ***kombinierten Ladungsverkehr*** an: Mit Umschlagterminals für Container (genormte Großraumbehälter) und Lkws (rollende Landstraße) auf Zügen im Huckepackverkehr sowie mit der Schifffahrt durch Roll on-Roll off- Schiffe (Zug im Schiff) etc.. Das Transportpapier bei der DB Cargo AG ist der ***Bahnfrachtbrief*** (CIM-Frachtbrief). Vom mehrteiligen Frachtbriefsatz erhält der Versender das *Frachtbriefdoppel* als Beweis für die Aufgabe der Sendung und als *Sperrpa-*

pier für nachträgliche Verfügungen über den Weg der Sendung (z. B. keine Ablieferung an Empfänger).

Die ***Deutsche Post AG*** befördert *Briefe* und Kleingüter bis maximal 31,5 kg (kein Gefahrgut), im Auslandsdienst in Zusammenarbeit mit dem Kurierdienst DHL auch ohne Gewichtsgrenzen. Versandmöglichkeiten sind das *Päckchen* mit einheitlichem Beförderungspreis (max. 2 kg, keine Haftung), *Postpakete* am Schalter (max. 20 kg, Haftung bis 1.000,00 DM, Paketschein als Transportpapier), *selbstgebuchte Postpakete* von Versendern mit mindestens 500 Paketen pro Jahr (max. 31,5 kg, Haftung bis 1.000,00 DM) und *Postkurierpakete*, die von der Post Express GmbH (Tochter der Deutschen Post AG) mit garantierter Zustellung am Tage nach der Einlieferung (max. 20 kg, Haftung bis 1.000,00 DM) befördert werden. Die Gebühr für Pakete ist abhängig vom Gewicht und der gewählten Versendungsform. Zusatzleistungen gegen Entgelt sind das *Einschreiben* (Nachweis der Einlieferung, Haftung bis 50,00 DM), die *Nachnahme* (Auslieferung der Sendung an den Empfänger nur gegen Bezahlung, bis max. 3.000,00 DM), der Zusatz *„eigenhändig"* (Auslieferung nur an den vermerkten Empfänger) und Pakete mit besonderem Wert.

Mitbewerber der Deutschen Post AG beim Transport von Kleingütern sind die *privaten **Paketdienste***, die in der Regel bundesweit die Zustellung innerhalb von 24 Stunden versprechen. Viele Paketdienste transportieren Sendungen bis zu maximal 70 kg und liegen damit oberhalb der Gewichtsgrenzen der Deutschen Post AG; außerdem bieten sie Serviceleistungen wie Abholung der Sendung nach Auftrag per Telefon oder Internet, DV-gestützte Verfolgung des Transportes und direkte Zustellung an den Empfänger.

Airlines bieten die Luftfrachtbeförderung für besonders eilige Güter ohne Gewichtsbeschränkung an. Transportpapier ist der ***Luftfrachtbrief*** (Airway Bill). Das internationale Frachtentgelt wird von IATA-Konferenzen (International Air Transport Association) vereinbart, während im Inland Frachtentgelte von den Airlines erarbeitet werden. In Zusammenarbeit mit der Deutschen Post AG organisieren Airlines die Luftpostbeförderung.

Besonders für Massengüter, deren Beförderung nicht eilig ist, bieten die ***Reedereien*** mit der Binnenschifffahrt und der Hochseeschifffahrt eine kostengünstige Alternative in Form der *Schiffsmiete* eines ganzen Schiffes oder der Befrachtung eines ganzen Schiffes durch *Charter* (Pacht). Ebenso werden Stückgüter einzeln oder als Sammelladung zusammengefasst transportiert (*Teilcharter*). Die Binnenschifffahrt in Deutschland, mit einem gut ausgebauten Wasserwegenetz, hat das Binnenschifffahrtsgesetz zur Grundlage und wird mit dem ***Ladeschein*** als Transportpapier abgewickelt. Der Ladeschein ist außerdem ein Warenwertpapier, das den Eigentümer der Ware anzeigt und mit dem durch Indossament (Eigentumsübertragung) die Ware schon weiterverkauft werden kann, wenn sie noch unterwegs ist. Das gleichbedeutende Warenwertpapier der Hochseeschifffahrt ist das ***Konnossement*** (Bill of Lading).

Für die Auswahl des besten Transportmittels für eine bestimmte Sendung sind das Frachtentgelt, die Transportgeschwindigkeit, die Sicherheit und die Flexibilität der Frachtführer aus ökonomischer Sicht ausschlaggebend. Auch ökologische Aspekte wie Umweltverträglichkeit und Energieverbrauch des Transportes sollten aber bei einer Entscheidung berücksichtigt werden. Diese ökonomischen und ökologischen Aspekte sind auch bei der Wahl der *Verpackung* maßgebend. So erleichtern genormte Transporthilfen wie Europalette, Collicos oder Container den Umschlag im kombinierten Ladungsverkehr und entsprechen durch ihre Wiederverwendbarkeit den Bestimmungen der Verpackungsverordnung, wonach Abfälle aus Verpackungen zu vermeiden sind.

Trotz der Haftung für den Untergang der Ware beim Transport durch Frachtführer kann der Abschluss einer *Transportversicherung* sinnvoll sein. Sie beinhaltet als Kaskoversicherung den Schutz des Transportmittels (für Werkverkehr), als Kargoversicherung den Schutz der transportierten Güter und zusätzlich Absicherung bei Zwischenlagerung. Sie kann als Einzelpolice für bestimmte Transporte oder als Generalpolice für alle Transporte innerhalb der vereinbarten Laufzeit abgeschlossen werden. Nicht versicherbar sind Schäden, die auf Fehler beim Versender zurückzuführen sind, z. B. mangelnde Sorgfalt beim Verpacken; während Schäden durch „höhere Gewalt" wie Sturm (nicht Kriegsgeschehen) abgesichert werden können.

BAUSTEIN 8

AUSSENHANDELSGESCHÄFT

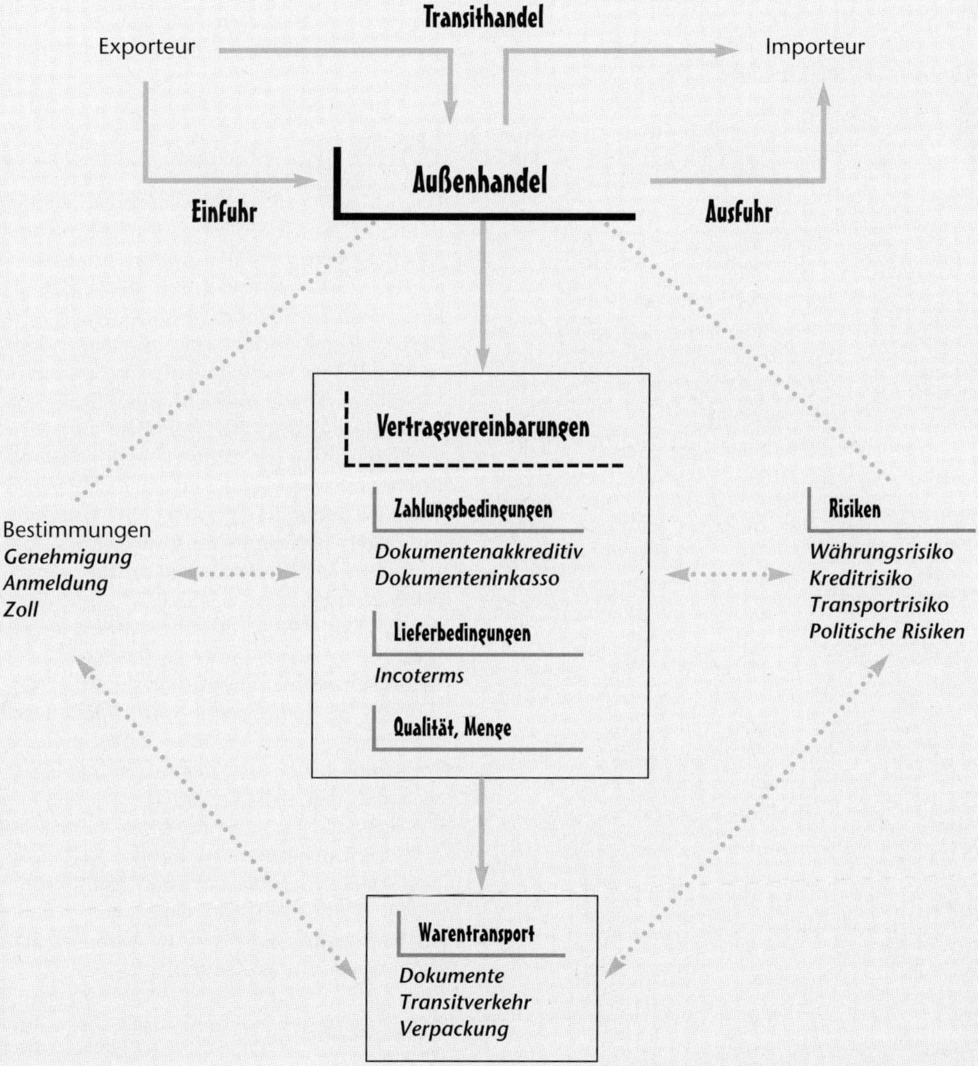

Außenhandel

Einfuhr

Ein Außenhändler in Deutschland, der aus einem anderen Land Waren importiert, kann diese Einfuhr direkt vornehmen (vom ausländischen Verkäufer oder einem ausländischen Fachexporteur) oder er kann indirekt von einem inländischen Fachimporteur beziehen. Beim regelmäßigen *direkten Import* von bekannten Lieferanten spart er die Gewinnspanne des inländischen Fachimporteurs, von dessen Fachkenntnissen er wiederum beim *indirekten Import* aus ihm nicht näher bekannten Ländern profitiert.
Wird *Gemeinschaftsware* aus einem Land bezogen, das Mitglied der europäischen Union ist, werden die Daten für statistische Zwecke auf einem Intrastat – Formular (Intra-Handels-Statitstik) an das Statistische Bundesamt gemeldet (Auskunftspflicht). Bei ***genehmigungsfreien*** *Importen* aus anderen Ländern wird dasselbe Formular benutzt und außerdem bei der zuständigen Zollbehörde abgegeben (Anmeldepflicht). Dem Außenwirtschaftsgesetz liegen eine Einfuhr- und Ausfuhrliste bei, die anzeigen, welche Waren aus welchen Ländern genehmigungspflichtig sind. Bei ***genehmigungspflichtigen*** *Importen* muss zusätzlich vorher eine Einfuhrgenehmigung oder eine EU-Einfuhrlizenz beim zuständigen Bundesamt eingeholt werden. Durch ein *Embargo* (Handelsverbot) mit bestimmten Ländern kann der Import auch vollständig verboten sein.
Importe aus Ländern *außerhalb der EU* wird zur Zollbeschau gestellt. Sobald zollpflichtige Ware im Zollbefund beurkundet und der ***Zoll*** bezahlt ist, wird das Zollgut zum Freigut und zum freien Verkehr abgefertigt. Die Abfertigung zum besonderen Verkehr bedeutet, dass die Ware zunächst als Zollgut verbleibt und in Zolllägern eingelagert wird, bis die weitere Verwendung feststeht. Wer sich in den Bestimmungen nicht auskennt, kann den Service eines *Zolldeklaranten* in Anspruch nehmen, der die gesamte Zollabfertigung durchführt. Neben dem Zoll wird die Einfuhrumsatzsteuer und auf bestimmte Waren wie Tabak etc. Verbrauchsteuer erhoben.

Ausfuhr

Die Ausfuhr kann als *direkter Export* an einen Käufer im Ausland oder an einen ausländischen Fachimporteur vorgenommen werden oder als *indirekter Export* über einen inländischen Fachexporteur abgewickelt werden. Knapp 60% der deutschen Versendungen gehen als *Gemeinschaftsware* in andere EU-Länder. Dieser Binnenhandel unterliegt wie bei den Importen lediglich der Auskunftspflicht an das Statistische Bundesamt.
Die Ausfuhr von Waren aus Deutschland in andere Länder ist grundsätzlich ***genehmigungsfrei***, allerdings muss ab einem bestimmten Warenwert eine Ausfuhranmeldung zum Einen an das Zollamt im Zollbezirk des Exporteurs und zum Anderen an das Statistische Bundesamt stattfinden. Sollte eine Ware oder ein Importland auf der Ausfuhrliste als ***genehmigungspflichtig*** ausgewiesen sein, muss vor dem Transport eine Ausfuhrgenehmigung des zuständigen Bundesamtes eingeholt werden. In seltenen Fällen besteht eine vollkommenes *Ausfuhrverbot*, z. B. bei atomaren Waffen oder bei Exporte in Länder, die einem Wirtschaftsembargo unterliegen. Der Export von Waren aus Deutschland ist umsatzsteuerfrei und nicht mit Ausfuhrzöllen belegt.

Transithandel

Der Transithandel bedeutet, dass ein deutscher Außenhändler einen Kaufvertrag mit einem ausländischen Exporteur abschließt, um die Waren an einen Importeur in einem anderen Land weiterzuverkaufen; das Geschäft bezieht also drei Länder mit ein. Der Transport der Ware ist von dieser rechtlichen Sachlage der beiden Kaufverträge unberührt, denn die Ware kann durch Deutschland transportiert werden (z. B. polnische Gänse nach Frankreich auf der Straße) oder im Streckengeschäft direkt von Exporteur zum Importeur geschickt werden (z. B. schwedisches Bauholz auf dem Seeweg nach Großbritannien).

Risiken

Außenhandel ist mit besonderen Risiken verbunden, die im Inland nicht oder nicht in diesem Umfang auftreten. So birgt der Handel mit Ländern *außerhalb* der Währungsunion (Abrechnung in EURO mit fixen Kursbeziehungen) durch Kursschwankungen ein ***Währungsrisiko***, insbesondere wenn Angebot und Zahlung zeitlich weit auseinander liegen.

Beispiel:

Beim Abschluss des Importvertrages über Baumwolle aus den USA (1kg für 10 USD) liegt der Kurs bei 1,15 USD/EUR. Der deutsche Importeur rechnet pro kg Baumwolle mit einem Preis von 8,70 EURO je kg (10 : 1,15). Fünf Monate später begleicht der deutsche Importeur die Rechnung bei einem Kurs von 1,05 USD/EUR. Jedes kg Baumwolle kostet ihn nun 9,52 EURO (10 :1,05).

Die Kursschwankung bedeutet für den deutschen Importeur einen Kursverlust, da er mehr bezahlen muss als er kalkuliert hatte. Kursschwankungen können im umgekehrten Fall auch zu Kursgewinnen führen. Das Währungsrisiko kann verhindert werden, wenn eine Zahlung zu einem festen Wechselkurs oder gleich in der eigenen Währung vereinbart wird.

Beim Außenhandel mit Ländern, in denen eine unsichere politische Situation herrscht, erhöhen sich die Gefahren aller Kaufvertragserfüllungsstörungen. Beim Export kann Zahlungs- oder Annahmeverzug und beim Import Lieferungsverzug oder mangelhafte Lieferung auftreten. Sollte sich das ***politische Risiko***, z. B. durch Krieg im anderen Land, sehr erhöhen, kann es notwendig werden, für bestimmte Zeit auf Handelsbeziehungen mit diesem Land zu verzichten.

Beim Export ist die Gefahr des Forderungsausfalles zu beachten. Dieses ***Kreditrisiko*** kann bei politischen Ursachen im ausländischen Importland durch eine, allerdings kostspielige, Versicherung bei der Hermes Kreditversicherungs AG gemildert werden, die Ausfuhrgewährleistungen (bei Selbstbeteiligung des Exporteurs bis zu 15% des Risikos) zur Verfügung stellt. Eine andere Möglichkeit ist die Vertragsvereinbarung von *Zahlungsbedingungen*, die den Zahlungseingang sichern.

Durch lange Transportwege im Außenhandel erhöht sich das ***Transportrisiko*** für Beschädigung oder Untergang der Sendung oder Lieferverzug durch längere Transportdauer. Die Vertragsvereinbarung bestimmter *Lieferbedingungen*, die als Incoterms auch den Gefahrenübergang beim Transport und die Versicherungsbedingungen regeln, kann das Transportrisiko schmälern.

Vertragsvereinbarungen

Zahlungsbedingungen

Das Kreditrisiko beim Export fällt weg, wenn *Vorauszahlung* vereinbart wird, denn dann wird die Ware erst verschickt, wenn die Zahlung des Importeurs eingetroffen ist. Die wenigsten Importeure würden sich aber auf diese Vertragsvereinbarung einlassen, da sich für sie selbst die Gefahr des Ausbleibens der Lieferung vervielfachte.

Eine Kompromissmöglichkeit ist die *Anzahlung* eines Forderungsteiles und *Zahlung* des verbliebenen Rechnungsbetrages *bei Lieferung*. Doch auch hier bestehen für beide Vertragspartner noch erhebliche Risiken, dass Kaufvertragsverpflichtungen nicht erfüllt werden. Jeder Vertragspartner muss davon ausgehen, dass die einheimische Gesetzgebung im fremden Land nicht gilt und das Beanspruchen von Rechten aus den Erfüllungsstörungen mit Schwierigkeiten verbunden ist. Die meisten Importeure bestehen außerdem auf der Gewährung eines Zahlungsziels zur Sicherung ihrer Liquidität. Deshalb haben sich im Außenhandel besondere Zahlungsbedingungen entwickelt, die den Sicherungsbedürfnissen beider Seiten Rechnung tragen. Beim ***Dokumenteninkasso*** läuft die Erfüllung der Kaufvertragsverpflichtungen in dieser Reihenfolge:

1. Der Exporteur versendet die Ware und erhält vom Spediteur die Versanddokumente.
2. Der Exporteur reicht die Versanddokumente zusammen mit einem Inkassoauftrag bei seiner Hausbank ein.
3. Die Exporteursbank leitet beides weiter an die Importeursbank.
4. Die Importeursbank kassiert den Rechnungsbetrag vom Importeur und übergibt ihm die Dokumente.
5. Der Importeur lässt sich die Sendung gegen Vorlage der Dokumente vom Spediteur am Bestimmungsort übergeben.
6. Der Rechnungsbetrag wird von der Importeursbank an die Exporteursbank zu Gunsten des Exporteurs überwiesen.

Auf diese Weise versichert sich der Importeur, dass er erst zahlt, wenn er durch die Dokumente weiß, dass die Ware rechtzeitig und im ordnungsgemäßen Zustand versandt wurde. Der Exporteur wiederum versichert sich, dass Zahlungsverzug nicht eintreten kann, da der Importeur die Dokumente zur Abholung der Ware nur gegen Zahlung erhält. Allerdings besteht für den Exporteur weiterhin das Risiko des Annahmeverzuges. Statt die *Dokumente gegen Kasse* auszuhändigen, kann *Dokumente gegen Akzept* vereinbart werden. Der Erfüllungsablauf unterscheidet sich dann dadurch, dass zum Inkassoauftrag eine vom Exporteur ausgestellte Tratte beigelegt wird, die der Importeur bei Aushändigung der Dokumente akzeptiert. Dadurch wird dem Importeur ein zusätzliches Zahlungsziel eingeräumt mit Absicherung durch einen Wechsel für den Exporteur.

Die größtmögliche Absicherung beider Seiten ist beim ***Dokumentenakkreditiv*** gegeben. Ein Akkreditiv ist ein Zahlungsversprechen einer Bank, beim *bestätigten* Akkreditiv (für hohe Beträge) auch noch einer zusätzlichen international anerkannten Geschäftsbank. Die Erfüllung der Kaufvertragsverpflichtungen geschieht in dieser Reihenfolge:

1. Der Importeur stellt einen Antrag auf Eröffnung eines Akkreditivs bei seiner Bank.
2. Die Importeursbank prüft die finanzielle Lage des Importeurs genau, bevor sie ein Akkreditiv zu Gunsten des Exporteurs eröffnet und an die Exporteursbank leitet, da sie mit der Eröffnung ein Zahlungsversprechen für den Importeur unterschreibt. Der Importeur beantragt häufig eine *Befristung des Akkreditivs*, da dann eine Versendung der Ware innerhalb des befristeten Zeitraumes zu erwarten ist (nach Ablauf der Befristung entfällt das Zahlungsversprechen). Der Exporteur besteht häufig darauf, dass das Akkreditiv *unwiderruflich* ist, da dann das Zahlungsversprechen der Bank bis zum Eingang der Dokumente nicht rückgängig gemacht werden kann.
3. Die Exporteursbank benachrichtigt den Exporteur über die Akkreditiveröffnung.
4. Erst jetzt, da er ein Zahlungsversprechen der Bank hat, versendet der Exporteur die Ware und erhält vom Spediteur die Versanddokumente.
5. Der Exporteur übergibt die Versanddokumente seiner Bank gegen Gutschrift des Rechnungsbetrages, was einen sehr frühen und sicheren Zahlungseingang bedeutet. Allerdings überprüft die Bank vor der Gut-

schrift sehr genau, ob *alle* Angaben auf den Versanddokumenten auch mit den Angaben auf dem Akkreditiv übereinstimmen, da sonst die Importeursbank nicht zahlen wird. Dies ist eine Absicherung des Importeurs, dass die Ware rechtzeitig und ordnungsgemäß versandt wurde.

6. Die Exporteursbank sendet die Dokumente gegen Gutschrift an die Importeursbank.
7. Die Importeursbank kassiert den Rechnungsbetrag vom Importeur und übergibt ihm die Dokumente.
8. Der Importeur lässt sich die Sendung gegen Vorlage der Dokumente vom Spediteur am Bestimmungsort übergeben.

Lieferbedingungen

Im Außenhandel ist es Handelsbrauch, die Lieferbedingung im Rahmen der ***Incoterms*** (International Commercial Terms) festzulegen. Die Incoterms regeln mit nur wenigen Buchstaben als Abkürzung die Kostenverteilung für den Transport, den Gefahrenübergang für den Untergang der Ware und welcher Vertragspartner für den Abschluss der Transport- und Versicherungsverträge zuständig ist. Beispiele für die verschiedenen Klauseln sind:

E – Klausel: (für den Exporteur am günstigsten)

EXW = Ex Works (ab Werk) – Dem Käufer obliegt der Abschluss der Transport- und Versicherungsverträge sowie die Zahlung aller Transportkosten; die Gefahr für den Untergang der Ware geht bereits vor den Werkstoren des Verkäufers auf den Käufer über.

F-Klauseln: (günstiger für den Exporteur)

FCA = Free Carrier (Frei Frachtführer) – Der Verkäufer trägt die Kosten und die Gefahr nur bis zur Übergabe an den *ersten* beteiligten Frachtführer in seinem Land.

FOB = Free on Board (Frei an Bord) – Der Verkäufer trägt die Kosten und die Gefahr bis zum Überschreiten der Schiffsreling im Verschiffungshafen in seinem Land.

C-Klauseln: (günstiger für den Importeur)

CIF = cost, insurance, freight (Kosten, Versicherung und Fracht) – Der Verkäufer trägt die alle Kosten inklusive der Seefracht und Seeversicherung bis zum Bestimmungshafen. Die Gefahr für den Untergang der Ware allerdings geht bereits im Verschiffungshafen mit Überschreiten der Schiffsreling auf den Käufer über.

D-Klauseln: (am günstigsten für den Importeur)

DDP = delivered duty paid (geliefert verzollt) – Der Verkäufer trägt alle Kosten und Risiken einschließlich Zoll bis zum Bestimmungsort.

Im Außenhandel ist es außerdem wichtig, im Kaufvertrag **Qualitäts- und Mengenangaben** festzulegen, um trotz der international unterschiedlichen Qualitätsbezeichnungen und Maße und Gewichte eindeutige Vereinbarungen zu treffen.

Warentransport

Beim Warentransport im Außenhandel werden folgende ***Dokumente*** verwendet:

- Konnossement (Bill of Lading, Seefrachtbrief) bei der Hochseeschifffahrt ist außer einem Frachtpapier auch ein Warenwertpapier und zeigt das Eigentum an der Warensendung an. In der Binnenschifffahrt wird der Ladeschein verwendet
- Die Versicherungspolice für die Transportversicherung
- Die internationalen Frachtbriefe im Straßenverkehr (CMR-Frachtbrief) und auf der Schiene (CIM-Frachtbrief) sowie der Luftfrachtbrief (Airway Bill)
- Die Spediteur-Übernahmebescheinigung (FCR = Forwarder's Cerificate of Receipt)
- Das Ursprungszeugnis (Certificate of Origin) als Nachweis des Herkunftslandes
- Die Handelsrechnung (Faktura) als Grundlage der Einfuhrprüfung und die Konsulatsfaktura, ausgestellt von den Konsulaten der Einfuhrländer, um eine

Verzollung auf Basis des Marktwertes im Importland sicherzustellen
- Die Warenverkehrsbescheinigung für Transporte von Waren aus EU-Ländern (Zollfreiheit) oder der EFTA-Länder (Begünstigter Zoll)

Beim Gütertransport im ***Transitverkehr*** von einem Land durch ein zweites Land (dem Transitland) in das dritte Land als Bestimmungsland gibt es für den Warenverkehr innerhalb der EU-Länder und mit den EFTA-Ländern das Versandverfahren als besonderes Zollverfahren. Hier wird zur Entlastung der Grenzzollstellen die Abfertigung nur noch an den Zollstellen am Abgangs- und Bestimmungsort durchgeführt. Das Transportmittel wird verplombt, um Veränderungen während der Durchfuhr des Transitlandes zu unterbinden.

Die Wahl der richtigen ***Verpackung*** schließlich hängt vom Transportmittel und der Umschlagstechnik (z. B. mit Containern) sowie prinzipiell davon ab, ob sie den Anforderungen des Warentransportes entspricht.

ARBEITSORGANISATION UND DATENVERARBEITUNG

Arbeitsorganisation

Arbeitstechniken

Ordnungsmittel

benötigen ein logisches

- *Schriftstücke*
- *Karteien*
- *Dateien*

Ordnungssytem

- *alphabetisch*
- *nummerisch*
- *alphanummerisch*
- *mnemotechnisch*
- *chronologisch*

Elektronische Datenverarbeitung (EDV)

Das Fundament bilden:

Bestandteile des PC

- **Hardware**
- **Software**

Bürokommunikation

- **Technische Voraussetzungen**
- **Arten**
- **Ziele**

Folgende Probleme müssen gelöst werden:

Datenschutz

- *personenbezogene Daten*
- *Datenschutzbeauftragte (BDSG)*

Datensicherung

- *Sicherung der Daten*
- *technische und organisatorische Maßnahmen*

Berücksichtigt werden müssen

Auswirkungen der EDV

- **Arbeitswelt**
- **Ergonomie**
- **Umweltbelastung**

Arbeitsorganisation

Ordnungsmittel

Damit ein reibungsloser innerbetrieblicher Arbeitsablauf gewährleistet ist, werden *Arbeitstechniken* benötigt, die betriebliche Informationen unter den Aspekten: schneller Zugriff, Übersichtlichkeit, Raumbedarf und Bearbeitungskosten ordnen. Dazu dienen verschiedene Ordnungsmittel.

Schriftstücke: Werden in Ordnern abgeheftet (liegende, stehende oder hängende Registratur) oder platzsparend per Mikroverfilmung aufbewahrt.

Karteikarten: Werden in so genannten Karteikästen gesammelt. Bei der Ordnung der Karteikarten unterscheidet man Steilkarteien (Karteikarten stehen oder hängen steil hintereinander angeordnet) und den Staffelkarteien (hier werden die Karteikarten so gestaffelt, dass man von jeder Karte einen schmalen Streifen sieht und eine ganze Gruppe sofort überschauen kann).

Dateien: Werden in entsprechenden Verzeichnissen/Ordnern, die i. d. R. vorgegeben sind abgelegt. Die elektronische Büroablage hat den Vorteil, dass sie einfach, platzsparend, kostensparend und flexibel ist (siehe Baustein 4 – Warenwirtschaft).

Ordnungssysteme

Die Ordnungsmitteln bedürfen eines bestimmten Verfahrens nach dem die einzelnen Informationen sortiert werden:

- ***alphabetische*** Ordnung, z.B. Personennamen, Produktnamen,
- ***nummerische*** Ordnung, z.B. nach fortlaufenden Nummern, Artikelnummern,
- ***alphanummerische*** Ordnung, z.B. bei Kfz-Kennzeichen,
- ***mnemotechnische*** Ordnung, stellt eine Beziehung zur Sache her, die man sich leicht merken kann, z. B. Eingangsrechnung = ER, Ausgangsrechnung = AR,
- ***chronologische*** Ordnung, ist die Ablage in zeitlicher Reihenfolge, wobei die kaufmännische Ablage das neueste Schriftstück nach oben ablegt.

Das letztgenannte Ordnungssystem ist für die *Terminüberwachung* von Bedeutung. Man unterscheidet zwischen festen (z. B. Steuerzahlung) und beweglichen (z. B. Besprechung) Terminen. Hilfsmittel der Terminüberwachung sind die Terminplaner, die sowohl aus Papier (z. B. Kalender, Mappen zur Wiedervorlage) als auch elektronischer Art (z. B. elektronische Organizer, WWS zur Überwachung von Zahlungsterminen usw.) sein können.

Elektronische Datenverarbeitung (EDV)

Das Fundament der Datenverarbeitung sind die dazugehörigen Geräte sowie die Software und die für die Kommunikation notwendigen Zusatzeinrichtungen.

Bestandteile des PC

Hardware

Grundlegend basieren alle EDV-Anlagen auf dem *EVA-Prinzip* (= Eingabe – Verarbeitung – Ausgabe). So setzt sich auch die *Hardware* des Personalcomputers (PC) aus der sog. *Zentraleinheit* (= zuständig für die Verarbeitung) und der *Peripherie* (= zuständig für die Eingabe und die Ausgabe) zusammen. Das Hauptelement der Zentraleinheit ist der

Prozessor (CPU = Central Processing Unit). Die CPU ist entsprechend ihrer verschiedenen Funktionen eingeteilt in:
Das *Rechenwerk* dient der Verarbeitung der Daten, z.B. Ausführung mathematischer Berechnungen. Das *Steuerwerk* wird als Kommandozentrale bezeichnet und dient der Abarbeitung der einzelnen Befehle und der Weiterleitung an z.B. das Rechenwerk. Das *Speicherwerk* (Cache-Speicher) dient der Zwischenspeicherung von Daten oder Programmteilen.
Zusätzlich zum Cache-Speicher enthält die *Zentraleinheit* noch den Arbeitsspeicher (sog. *RAM-Speicher* – Random Access-Memory – flüchtiger Schreib-Lese-Speicher), der einige Teile der zur Zeit in Benutzung befindlicher Programme und Daten abspeichert, um einen schnellen Zugriff zu gewährleisten. Werden Programme bzw. Windows beendet, so werden die von diesem Programm hier zwischengelagerten Daten gelöscht. Beim *ROM-Speicher* (Read Only Memory – Nur-Lesespeicher) ist dies nicht der Fall.
Damit die einzelnen oben genannten Einheiten miteinander kommunizieren können exisitiert ein sog. *Bussystem* (Kanalsystem), das für den Transport der Daten verantwortlich ist. Zur Regelung der an die Zentraleinheit angeschlossenen Geräte dient die Eingabe-/Ausgabeeinheit (Input-Output-Unit).
Zur *Peripherie* zählen Eingabegeräte, Ausgabegeräte und Dialoggeräte sowie externe Speicher.
Folgende Geräte sind *Eingabegeräte*: Tastatur, Maus, Bildschirm (Touchscreen-Monitor, z. B. Fahrplanauskunft DB), Scanner, Grafik-Tablett/Lichtgriffel (für Zeichnen- oder CAD-Programme), Barcode-Leser, Mikrofon, Magnetkartenleser, Formularleser, Joystick.
Zu den *Ausgabegeräten* gehören: Bildschirm, Drucker (Tintenstrahl- oder Laserdrucker), Plotter (zur Erstellung von Architektenzeichnungen besonders exakte Zeichnung mit einem Stift), Lautsprecher, Signalgeber, Display, CD-Writer.
Die *Dialoggeräte* sind notwendig für die Kommunikation mit externen Rechnern: Modem, Netzwerkkarte, *ISDN*-Anschluss. Diese Geräte ermöglichen sowohl Faxe zu verschicken als auch im Internet zu surfen und das Senden von *eMails* (= elektronische Post, z. B. Briefe/Anfragen/Nachrichten, die unformatiert und deshalb schnell über das Netz geschickt werden kann).
Die *externen Speicher* dienen der Speicherung von Daten außerhalb der Zentraleinheit. Beim *Reihenfolgezugriff* werden die Daten nacheinander gelesen/gespeichert, z.B. beim Magnetband oder der Magnetbandcassette (= Cartridge; das dazugehörige Speichergerät heißt Streamer). Beim *Direktzugriff* werden die Daten direkt über einen Arm oder durch Laser an der entsprechenden Stellen gelesen/gespeichert: das gilt z.B. für die Festplatte, die Diskette, die CD (optischer Speicher), das ZIP-Medium (vergleichbar mit der Diskette, kann bis zu 100 MB Daten speichern und ist ca. 5-mal schneller) und die DVD (Digital Video Disk, als VHS Video-Ersatz oder als Speichermedium mit hoher Speicherkapazität einsetzbar 4,7–17 GB).
Die Einheit, in der die Speicherkapazität gemessen wird, nennt man Byte, wobei ein Byte ein Zeichen enthält. Ein *Bit* (= binary digit) ist die kleinste Informationseinheit und kann zwei Zustände darstellen 0 oder 1. Ein Byte besteht aus mindestens 8 Bit, durch deren Kombination können 256 Zeichen dargestellt werden. Ein Kilobyte (KB) sind 1.024 Bytes (2^{10}). Der RAM-Speicher wird normalerweise in Megabyte (MB = 1.048.57b Bytes = 2^{20}) gemessen, während die Festplatte in Gigabyte (GB = 1.073.741.824 Bytes = 2^{30}) angegeben ist.

Software

Bei der *Software* unterscheidet man grundsätzlich die für den Betrieb des PCs notwendige *Systemsoftware* und die aufgabengebundene *Anwendersoftware*.

Die *Systemsoftware* ist unterteilt in das *Betriebssystem*, ohne das der PC nicht funktioniert und die *systemnahe Software*. Das *Betriebssystem* dient der Steuerung, Übersetzung und ermöglicht die Organisation der Daten auf dem PC mithilfe spezieller Dienstprogramme. Die Programmiersprache Algol gehört ebenso zu der *systemnahen Software* wie auch die aus der praktischen Arbeit bekannten Benutzeroberflächen.

Die *Anwendersoftware* ist unterteilt in *Standardsoftware, Branchensoftware* und *Individualsoftware*. Die *Standardsoftware* lässt sich in verschiedenen Bereichen (Betrieb oder privat) einsetzen. Sie enthält entweder einzelne Softwareprogramme oder komplette Pakete, die bestehen aus: Textverarbeitung, Tabellenkalkulation, Dateiverarbeitung, Geschäftsgrafik. Außerdem sind zusätzlich noch Programme zur Lösung spezieller kaufmännischen Problemen auf dem Markt angeboten, die auch zur Standardsoftware zählen, z. B. Finanzbuchhaltung, Auftragsbearbeitung, Lohnabrechnung, *Online-Banking* usw.

Die *Branchensoftware* hingegen stellt Software für bestimmte Berufsgruppen zur Verfügung: z. B. Banken, Ärzte, Rechtsanwälte, Einzelhandel usw.

Individualsoftware wird auf Anforderung eines Kunden für die Lösung seiner speziellen Probleme programmiert. Das kann z. B. die Software für ein bestimmtes Projekt sein.

Bürokommunikation

Bürokommunikation kann auf zwei Arten erfolgen. Es gibt die Möglichkeit der *internen Vernetzung* von PCs innerhalb eines Unternehmens und der *externen Vernetzung*, also der Vernetzung mit Rechnern außerhalb des Unternehmens.

Technische Voraussetzungen

Voraussetzung sind: *Netzwerkkarten* in jedem PC und entsprechende Software und *Verbindungskabel*. Ein Netzwerkadministrator verwaltet das *Netzwerk*. Die Netzwerkstruktur kann unterschiedlich sein. Die PCs können mit einem *Ringnetz* (geschlossener Kreis, wenn 1 PC ausfällt, funktioniert das Netz nicht), *Sternnetz* (1 Server von dem sternförmig die Verbindungen zu den anderen Rechnern hergestellt werden; benötigt viel Kabel) und/oder *Busnetz* (die PCs sind hintereinander geschaltet mit einem Endwiderstand) miteinander verbunden sein. Kombinationen zwischen Stern- und Busnetz sind weit verbreitet. In großen Betrieben wird der zentrale Verwaltungscomputer (Server) auch Host genannt.

Die Bürokommunikation mit *externen Netzen* erfordert zunächst mindestens eine Telefonleitung und ein *Modem*, sofern die Übertragung analog erfolgen soll bzw. *einen ISDN-Anschluss* und eine *ISDN-Karte*, wenn die Übertragung digital, also schneller erfolgen soll.

Arten

Diese Verbindung ermöglicht eine Vielzahl von Anwendungsgebieten:

Datentransfer (z. B. Buchung erfolgt durch die Zentrale, dorthin werden jeden Abend die angefallen Daten verschickt). Die Telekom bietet speziell zur Übermittlung großer Datenmengen über die Datenleitung den Telekommunikationsdienst Datex-P an.

Anfragen per *eMail* verschicken oder Schriftverkehr per *Fax* erledigen.

Abwicklung des Zahlungsverkehrs durch *Online-Banking*, z. B. Durchführung von Überweisungen mithilfe eines Direktzugangs zur Bank mit entsprechenden Sicherheitsvorkehrungen wie Passwort und Transaktionsnummern, unter Verwendung einer kommerziellen Online-Banking-Software, direkt über das Internet oder mit einer speziell von der Bank erstellten Software.

Informationsbeschaffung durch das *Internet*, z. B. Online-Recherche zur Ermittlung

neuer Bezugsquellen. Das Internet ist das größte Computernetzwerk der Welt. Es dient als weltweite Informationsquelle mit der Möglichkeit der Recherche in Datenbanken und Programmarchiven.
Besteht eine Netzwerkverbindung zwischen verschiedenen Filialen an unterschiedlichen Standpunkten, dann nennt man das *Intranet*. Dieses *firmeneigene Netzwerk* ermöglicht den Datenaustausch zwischen den unterschiedlichen Unternehmensbereichen. Innerhalb dieses Systems können alle oben genannten Funktionen wahrgenommen werden.

Ziele

In einem solchen *Kommunikationsnetz* können Daten, Sprache, Töne und Bilder übertragen werden. Das Hauptziel und der Hauptvorteil der Vernetzung der einzelnen Arbeitsplätze mit einem Server ist die *effektivere und rentablere Arbeitsorganisation* durch: Zugriff und Arbeit mit gemeinsamen Daten und Dateien (z. B. bei der Offenen Posten Verwaltung) – Datenaustausch untereinander (z. B. belegloser Datenfluss) – gemeinsame Nutzung externer Geräte (z.B. Speicher, Drucker, ISDN-Leitung usw.) – Nutzung netzwerkfähiger Programme durch Minimalinstallation der Versionen auf den Workstations – bessere Kommunikation und Terminabsprachen per Organizer – schnellere Auftragsabwicklung, z. B. durch Abfrage des aktuellen Datenbestandes als Informationsquelle – andere Vorteile, s. unter Baustein 4 – Warenwirtschaft.

Datenschutz

- ***personenbezogene Daten***

Der Datenschutz befasst sich mit dem *Schutz personenbezogener Daten* (z. B. persönliche Verhältnisse – Hobby, Vorstrafen, Beurteilungen und sachliche Verhältnisse – Gehalt, Vermögen, Schulden) *vor Missbrauch und Manipulation*, damit keine Beeinträchtigung der Persönlichkeitsrechte erfolgt (§ 1 ***Bundesdatenschutzgesetz*** - *BDSG*).
Das BDSG regelt die Erhebung, Verarbeitung und Nutzung der Daten. Die Verarbeitung und Nutzung der personenbezogenen Daten ist zweckgebunden und nur zulässig, wenn der Betroffene auf den Zweck hingewiesen wurde und seine Einwilligung schriftlich erteilt hat bzw. das BDSG bzw. eine andere Rechtsvorschrift sie erlaubt.
Maßnahmen, die die Einhaltung des BDSG gewährleisten sind *Kontrollen*, die sich auf den Umgang mit diesen Daten beziehen, also Benutzerkontrollen im Programm durch Passwort. Werden Daten erfasst bzw. übermittelt, so hat *der Betroffene das Recht* auf Benachrichtigung sowie das Recht auf Auskunft. Wurden unrichtige Daten erfasst, so besteht ein Recht auf Berichtigung. War die Speicherung von Daten von Anfang an unzulässig, so hat der Betroffene das Recht auf Löschung. Werden Daten nicht mehr benötigt, hat der Betroffene das Recht, die Daten sperren zu lassen. Eine Löschung erfolgt hier nicht.
Die betriebliche Datenschutzkontrolle übernimmt der *Datenschutzbeauftragte*. Er ist vom Unternehmen zu bestellen, wenn mindestens fünf Mitarbeiter mit der automatisierten Verarbeitung personenbezogener Daten ständig beschäftigt sind, oder wenn mindestens 20 Mitarbeiter auf andere Weise solche Daten verarbeiten (z. B. Kundendaten). Das gilt natürlich auch für öffentliche Stellen.

Datensicherung

- ***Sicherung der Daten***

Durch folgende Vorfälle können Daten verloren gehen oder beschädigt werden: höherer Gewalt (z. B. Wasser, Feuer, Blitzschlag, Explosion) – absichtlicher Beschädigung (z. B. Diebstahl, Viren, Sabotage) – technischer Mängel (Stromausfall, defekte Gerä-

Kfm. Steuerung

te) – menschliches Versagen (Benutzerfehler, Vergesslichkeit). Deshalb müssen Daten besonders gesichert werden:

- ***Maßnahmen***

technische Maßnahmen: Brandschutz – Notstromaggregate – Türsicherungen – Alarmanlagen – Schreibschutzvorrichtungen,
organisatorische Maßnahmen: Zutrittskontrolle – Sicherungskopien (Cartridge) nach dem Generationenprinzip – Virenschutz – Datenschutzbeauftragter,
programmtechnische Maßnahmen: Passwortkontrolle – Plausibilitätskontrolle.

Auswirkungen der EDV

Arbeitswelt

Folgende Veränderungen der *Arbeitswelt* durch die neuen Technologien sind feststellbar: neue Berufe sind entstanden (z.B. Informationstechnologie-Berufe) – andere Berufe sind weggefallen (z.B. durch den Einsatz von Industrierobotern zum Spritzen von Autos), Heimarbeitsplätze sind durch Datenfernübertragung eingerichtet worden.
Die *Chancen* der Nutzung von EDV-Systemen sind: Belastungsabbau, Arbeitserleichterung und in einigen Branchen Höherqualifikation. Demgegenüber stehen die *Risiken* mit Arbeitsmonotonie, Minderqualifikation, Belastungsverstärkung durch hektischer werdende Arbeitswelt zusammen mit Bewegungsmangel.

Ergonomie

Durch die ständige Arbeit am Computer muss hinsichtlich der Ergonomie auf richtige Büroeinrichtung und Lichtverhältnisse geachtet werden. Werden diese Punkte vernachlässigt, führt dies unweigerlich zu körperlichen Schäden.
Auch die Geräte an sich sollten bestimmten *Normen* entsprechen: z. B. sollte auf strahlungsarme Bildschirme geachtet werden, z.B. ISO 9241 = EU-Ergonomie-Norm ab 1. Januar 1996 in Kraft oder TCO95 = umfasst den gesamten Bildschirmarbeitsplatz (Bildqualität, Energiesparmodus, Wärmeabgabe, Geräuschentwicklung und Recyclingmaßnahmen).
Zusätzlich spielt die *Art und Einrichtung der Geräte* bezogen auf den damit arbeitenden Menschen ein große Rolle für die Gesundheit des Menschen: z. B. die Anschaffung von Fußstützen, die Position der Maus, die Neigung der Tastatur und die richtige Einstellung des Bürostuhls und des Bildschirms zum davor sitzenden Menschen.

Umweltbelastung

Das größte Problem des Einsatzes von DV-Geräten ist die Entsorgung und damit die *Umweltbelastung* durch nicht mehr benötigte Geräte. Viele Hersteller bieten so genannte *Umweltinitiativen* an. Diese beinhalten zum einen eine Produktgestaltung mit weniger umweltbelastenden Materialien: z. B. wiederbefüllbare Verbrauchsartikel (Tintenpatronen), Reduzierung bzw. Vermeidung von Ozonbelastungen bei Laserdruckern, Verwendung FCKW-freier Produkte usw.
Zum anderen wird auch die Rücknahme und das Recycling der nicht mehr benötigten Geräte angeboten. Privatleute können an bestimmten Sammelstellen in ihrer Stadt heute schon kostenlos ihre nicht mehr benötigten PCs abgeben.

BAUSTEIN 10

ORGANISATION DER BUCHFÜHRUNG

Aufgaben der Buchführung

- **Dokumentation** nach den Buchführungsvorschriften
- **Kontrolle der Wirtschaftlichkeit**
- **Grundlage für zukunftsorientierte Planung**

Umsetzung der Buchführung

Inventur

↓

Inventar

↓

Bilanz

Aktiva	Passiva
Anlagevermögen Grundstücke und Gebäude Maschinen Fuhrpark Geschäftsausstattung *Umlaufvermögen* Warenbestand Forderungen Besitzwechsel Kasse Bank	*Eigenkapital* *Fremdkapital* Langfristiges Fremdkapital (Hypotheken) Mittelfristiges Fremdkapital (Darlehen) Kurzfristiges Fremdkapital (Verbindlichkeiten)
steigende Liquidität ↓	fallende Fristigkeit ↓

Hauptbuch = Sachliche Ordnung der Buchungen
(Kontoführung mit Abschlüssen)

Nebenbuch
(für Debitoren) → Forderungen

Nebenbuch
(für Kreditoren) → Verbindlichkeiten

↑

Grundbuch = Zeitliche Ordnung der Buchungen
(Buchungssätze nach Belegen mit Kontenrahmen)

Aufgaben der Buchführung

Dokumentation

Buchführung als Abbildung eines Unternehmens soll vollständig, richtig, zeitgerecht und geordnet alle Geschäftsvorfälle dokumentieren, um die geschäftliche Entwicklung der Vergangenheit nachvollziehen zu können. Jeder Kaufmann ist nach HGB verpflichtet, Bücher zu führen und seine Handelsgeschäfte und die Lage seines Vermögens ersichtlich zu machen. Dies umfasst folgende Pflichten bei Gründung und für die folgenden Geschäftsjahre:

- Durchführung der Inventur
- Erstellung eines Inventars
- Erstellung einer Eröffnungs- und Schlussbilanz
- Erstellung einer Gewinn und Verlustrechnung

Buchungsbelege und Handelsbücher (Bilanzen und Inventare) sind 10 Jahre lang aufzubewahren. Außer bei der Unternehmensleitung besteht beim Staat (Steuern), bei Gläubigern (Kreditwürdigkeit), bei Lieferanten und Kunden (Sicherung der Geschäftsbeziehung), bei den Mitbewerbern (Konkurrenzanalyse) und nicht zuletzt beim Personal (Arbeitsplatzsicherung) Interesse an den Daten der Buchführung.

Kontrolle der Wirtschaftlichkeit

Buchführungsdaten ermöglichen es der Unternehmensleitung, die Effektivität des Unternehmens zu kontrollieren. Effektivität lässt sich an der Erreichung der jeweiligen Unternehmensziele wie Gewinnmaximierung, Steigerung der Marktanteile, Sicherung der Liquidität, Produktivitätssteigerung etc. messen.

Grundlage für zukunftsorientierte Planung

Die vorangegangene Kontrolle der Wirtschaftlichkeit mündet in Entscheidungen, wie Schwächen minimiert und Stärken weiter ausgebaut werden können. Neben der Buchführung ist hier die Kosten- und Leistungsrechnung als Basis für weitere Planungen von Bedeutung.

Umsetzung der Buchführung

Inventur

Inventur ist die Bestandsaufnahme aller Vermögensteile und der Schulden nach Art, Menge und Wert. Vermögensgegenstände (wie z. B. Lagervorräte) werden körperlich erfasst (Zählen, Messen, Wiegen), in Inventurlisten eingetragen und anschließend bewertet. Immaterielle Vermögensgegenstände (wie z. B. Forderungen) und Schulden werden durch Überprüfung von Büchern erfasst.

Es gibt verschiedene Inventurverfahren:

Stichtagsinventur: Bestandsaufnahme an einem oder mehreren Tagen bezogen auf den letzten Tag des Geschäftsjahres

Verlegte Inventur: Bestandsaufnahme innerhalb von insgesamt 5 Monaten, 3 Monate vor (mit Bestandsfortschreibung) und 2 Monate nach (mit Bestandsrückrechnung) dem Stichtag

Permanente Inventur: Bestandsaufnahme während des gesamten Geschäftsjahres, in dem jeder Vermögensteil einmal zu einem beliebigen Zeitpunkt erfasst wird. Dies ermöglicht eine optimale Wahl des Zeitpunktes je nach personeller Kapazität, Bestandshöhe des betreffenden Artikels und Beschäftigungsgrad des Unternehmens. Voraussetzung für die permanente Inventur ist die lückenlose Aufzeichnung aller Bestandsveränderungen, um die Istbestände mit den Sollbeständen vergleichen zu können

Die mengenmäßigen Ergebnisse der abgeschlossenen Inventur werden bewertet und mit den wertmäßigen Vermögensteilen und Schulden in einer ausführlichen Liste, dem Inventar zusammengefasst. Bei der Bewertung eines Vermögensgegenstandes dürfen nach HGB die Anschaffungskosten nicht überschritten werden, selbst wenn dieser Gegenstand, z. B. ein Grundstück, seit dem Erwerb im Wert gestiegen ist. So erscheinen noch nicht realisierte Gewinne auch später nicht in der Bilanz. Bei Anwendung von US-Richtlinien ist eine Bewertung zum Marktwert allerdings möglich.

Für alle Gegenstände des Anlage- und Umlaufvermögens gilt bei der Bewertung das *Niederstwertprinzip*, d.h. dass Anlagevermögen um den Abnutzungswert (Abschreibung) gemindert werden muss und nicht abnutzbares Anlagevermögen und Umlaufvermögen stets mit dem niedrigsten Wert angesetzt werden muss. So tauchen noch nicht realisierte Verluste in der Bilanz durch den niedrigeren Ansatz auf.

Für die Bewertung der Schulden gilt das *Höchstwertprinzip*, d.h. dass von zwei möglichen Ansätzen der höhere gewählt werden muss, um nicht realisierte Verluste auszuweisen (Imparitätsprinzip). Sollte z.B. bei einem Warenimport durch Kursschwankungen eine höhere Verbindlichkeit an den Exporteur bestehen als bei Buchung des Wareneinganges, so muss diese Verbindlichkeit im höheren Wert angesetzt werden.

Inventar

Das Inventar zählt zunächst das Vermögen nach steigender *Liquidität* auf. Das *Anlagevermögen* dient dem dauernden Geschäftsbetrieb und beinhaltet Mengen und Werte der Grundstücke, Gebäude, Maschinen, Fuhrpark und Geschäftsausstattung. Das *Umlaufvermögen* verändert sich häufig und beinhaltet Mengen und Werte der Warenvorräte und anderer Lagervorräte, Forderungen, Wertpapiere und flüssige Mittel wie Kasse, Postbank- und Bankkonto.

Der zweite Teil des Inventars zeigt die *Schulden* nach fallender Fristigkeit, von langfristigen Schulden wie Hypotheken bis zu kurzfristigen Schulden wie Verbindlichkeiten.

Im dritten Teil des Inventars wird die Summe der Schulden von der Summe des Vermögens abgezogen. Das Ergebnis ist das Reinvermögen, auch *Eigenkapital* genannt. Das Eigenkapital als fiktive Größe zeigt an, wie viel Anteil am Gesamtvermögen nicht über Kredite finanziert ist, sondern den Inhabern „gehört". Sollte das Unternehmen zum Zeitpunkt der Inventarerstellung verkauft werden, so bliebe das Eigenkapital bestehen, wenn von den Verkaufserlösen zunächst alle Schulden getilgt würden.

Aus dem Inventar wird die Eröffnungsbilanz des neuen Geschäftsjahres erstellt.

Bilanz

Während im Inventar Mengen und Werte einzelner Vermögensteile und Schulden ausgewiesen wurden, zeigt die Bilanz nur noch zusammengefasste Werte für bestimmte Bilanzpositionen (siehe Übersicht vorne). Die Bilanz wird in Kontenform erstellt und enthält auf der linken Seite, der Aktivaseite, das Vermögen (die Mittelverwendung als Investition) und auf der rechten Seite, der Passivaseite, das Eigenkapital und die Schulden (die Mittelherkunft als Finanzierung). Aus der Bilanz und der Gewinn- und Verlustrechnung können durch Errechnung von Maßzahlen Schlüsse über die Situation des Unternehmens gezogen werden:

- der *Eigenkapitalanteil* (Eigenkapital x 100 : Gesamtkapital) zeigt den Grad von Un-

abhängigkeit von Gläubigern und ermöglicht eine Beurteilung der Finanzierung
- die *Eigenkapitalrendite* (Gewinn x 100 : Eigenkapital) zeigt durch die Möglichkeit des Vergleiches mit dem herrschenden Kapitalmarktzins, inwiefern sich für den Unternehmer die Investition in sein Unternehmen gelohnt hat
- die *Gesamtkapitalrendite* (Gewinn x 100 : Gesamtkapital) zeigt, inwiefern sich der Gesamtkapitaleinsatz gelohnt hat
- die *Umsatzrentabilität* (Gewinn x 100 : Umsatzerlöse) gibt Auskunft darüber, wie viel Prozent der Umsätze dem Unternehmen als Gewinn zugeflossen sind
- die *Liquidität* lässt als Liquidität I (flüssige Mittel x 100 : kurzfristiges Fremdkapital) und als Liquidität II (flüssige Mittel und Forderungen x 100 : kurzfristiges Fremdkapital) eine Beurteilung der kurzfristigen Zahlungsfähigkeit zu.

Bücher der Buchführung

Die Eröffnungsbilanz eines neuen Geschäftsjahres ist am selben Tag bereits veraltet, da sie sich durch Geschäftsfälle ständig verändert. Im **Grundbuch** werden diese Geschäftsfälle chronologisch als Buchungssätze nach Belegen vorgenommen. Benutzt wird bei der Bildung der Buchungssätze der *Kontenrahmen* mit untergeordneten *Kontenklassen*. Kontenrahmen sind von Wirtschaftsverbänden empfohlene Übersichten, die jedem Konto eine Zahl zuordnen. Im Kontenrahmen Groß- und Außenhandel stehen 9 verschiedene Kontenklassen, wobei die Kontenklassen 5 bis 7 frei sind. Der *Kontenplan* ist die individuelle Abwandlung des Kontenrahmens in einem Unternehmen.

Für Debitoren (Kunden) wird ein **Nebenbuch** geführt, das in das Konto „Forderungen" mündet, für Kreditoren (Lieferanten) ebenfalls eines, das in das Konto „Verbindlichkeiten" mündet. Die Buchungssätze des Grundbuches werden in das **Hauptbuch** übertragen, in dem sachlich geordnet auf Konten gebucht wird. Die Abschlüsse dieser Konten führt am Ende des Geschäftsjahres dann zur Schlussbilanz.

DARSTELLUNG EINES GESCHÄFTSJAHRES

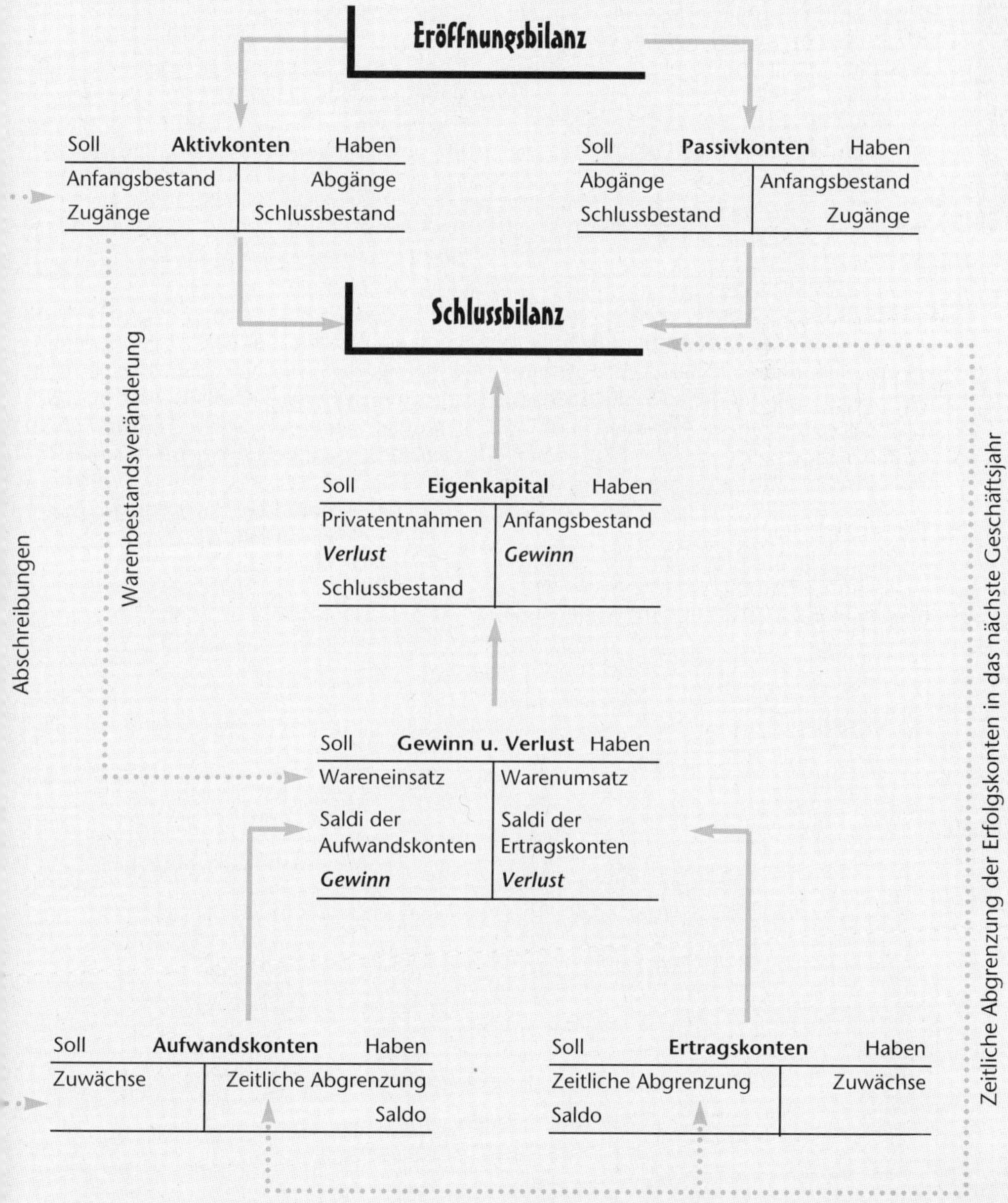

Eröffnungsbilanz

Das Geschäftsjahr der Buchführung beginnt mit der Eröffnungsbilanz, aus der dann die *Bestandskonten* (Aktiv- und Passivkonten) mit den jeweiligen Anfangsbeständen erstellt werden:

Geschäftsvorfall	*Buchungssatz*
Eröffnung des Kontos „Forderungen"	1010/Forderungen an 9100/Eröffnungsbilanzkonto
Eröffnung des Kontos „Verbindlichkeiten"	9100/Eröffnungsbilanzkonto an 1710/Verbindlichkeiten

Auf den Bestandskonten werden Veränderungen bei Vermögen und Kapital festgehalten. Dabei wachsen die Bestandskonten immer auf der Seite, auf der auch der Anfangsbestand steht, d. h. die ***Aktivkonten*** *im Soll* und die ***Passivkonten*** *im Haben*. Zu den Bestandskonten zählt auch die *Umsatzsteuer*, die beim Verkauf im Haben als Umsatzsteuer, beim Einkauf aber im Soll als *Vorsteuer* mitgebucht wird.

Die *Ergebniskonten* (Aufwands- und Ertragskonten) werden bei Bedarf eingerichtet, wenn sie durch einen Geschäftsvorfall angesprochen werden. Dabei wachsen die ***Aufwandskonten*** *im Soll* und die ***Ertragskonten*** *im Haben*. Auch bei den meisten Aufwandskonten ist im Soll die Vorsteuer mitzubuchen, ausgenommen davon sind Zinsen, Miete und Gebühren.

Buchungen auf Bestands- und Ergebniskonten:

Geschäftsvorfall	*Buchungssatz*
Wareneinkauf auf Ziel	3010/Wareneingang an 1710/Verbindlichkeiten + 1400/Vorsteuer
Warenverkauf auf Ziel	1010/Forderungen an 8010/Warenverkauf an 1800/Umsatzsteuer
Banküberweisung an einen Lieferer	1710/Verbindlichkeiten an 1310/Kreditinstitute
Ein Kunde überweist auf das Bankkonto	1310/Kreditinstitute an 1010/Forderungen
Banküberweisung des IHK-Beitrages	4270/Beiträge an 1310/Kreditinstitute
Barzahlung einer Reparatur + Umst.	4700/Instandhaltung an 1510/Kasse + 1400/Vorsteuer
Bankgutschrift für Miete	1310/Kreditinstitute an 2420/Betriebsfrremde Erträge
Tilgung eines Bankdarlehens zzgl. Zinsen	0820/Vblk g. Kreditinstituten an 1310/Kreditinstitute + 2100/Zinsaufwendungen

Geschäftsvorfall	*Buchungssatz*
Postüberweisung für eine Werbeanzeige + Umst.	4400/Werbekosten an 1320/Postbank + 1400/Vorsteuer
Postüberweisung für ein Verlagsabonnement + Umst.	4810/Bürobedarf an 1320/Postbank + 1400/Vorsteuer
Aufnahme eines Darlehens bei der Bank + Bearbeitungsgebühren	1310/Kreditinstitute an 0820/Vblk g. Kreditinstituten + 4860/Kosten des Geldverkehrs
Bankkontoabrechnung mit Lastschrift für Sollzinsen und Bankgebühren und (geringeren) Habenzinsen	2100/Zinsaufwendungen an 1310/Kreditinstitute + 4860/Kosten d. Geldv. 2600/Zinserträge
Darlehensgewährung an einen Kunden	0460/Sonstige Ausleihungen an 1010/Forderungen

Kauf von Anlagevermögen

Beim Kauf von Geschäftsausstattung und Büromaterial gibt es Besonderheiten zu beachten. So sind *Verbrauchsgüter* in jeder Rechnungshöhe als Aufwand zu buchen, während es beim Kauf von Anlagevermögen als *Gebrauchsgüter* je nach Rechnungshöhe zu unterschiedlichen Buchungen kommt:

- Gebrauchsgüter bis 100,00 DM netto werden auf einem Aufwandskonto gebucht
- Gebrauchsgüter bis 800,00 DM netto werden auf dem Konto „Geringwertige Wirtschaftsgüter" gebucht und im Anschaffungsjahr in voller Höhe abgeschrieben
- Gebrauchsgüter über 800,00 DM netto werden auf einem Bestandskonto gebucht (aktiviert) und nach Nutzungsdauer über mehrere Jahre verteilt abgeschrieben.

Geschäftsvorfall	*Buchungssatz*
Zielkauf eines Anrufbeantworters für netto 100,00 DM	4810/Bürobedarf an 1710/Verbindlichkeiten + 1400/Vorsteuer
Zielkauf eines Laserdruckers für netto 800,00 DM	0370/GWG an 1710/Verbindlichkeiten + 1400/Vorsteuer
Zielkauf eines Bildschirms für netto 1.000,00 DM	0330/Geschäftsausstattung an 1710/Verbindlichkeiten + 1400/Vorsteuer
Zielkauf von Kopierpapier für netto 1.000,00 DM	4810/Bürobedarf an 1710/Verbindlichkeiten + 1400/Vorsteuer

Die Umsatzsteuerkonten

Die *Umsatzsteuer* ist für den Großhandel ein durchlaufender Posten. Die Differenz zwischen von Kunden erhaltener Umsatzsteuer (Passivkonto) und an Lieferer gezahlte Vorsteuer (Aktivkonto) wird monatlich ermittelt. Ist die Umsatzsteuer höher als die Vorsteuer (*Zahllast*), wird der Saldo des Vorsteuerkontos in das Umsatzsteuerkonto umgebucht. Dann wird der Saldo des Umsatzsteuerkontos an das Finanzamt abgeführt.

Geschäftsvorfall	*Buchungssatz*
Abschluss des Vorsteuerkontos bei Zahllast	1800/Umsatzsteuer an 1400/Vorsteuer
Banküberweisung der Zahllast an das Finanzamt	1800/Umsatzsteue an 1310/Kreditinstitute

Ist die *Vorsteuer* höher als die Umsatzsteuer (*Vorsteuerüberhang*), wird das Umsatzsteuerkonto in das Vorsteuerkonto umgebucht. Der Vorsteuerüberhang wird vom Finanzamt gutgeschrieben und mit der Zahllast des nächstem Monats verrechnet.

Geschäftsvorfall	*Buchungssatz*
Abschluss des Umsatzsteuerkontos bei Vorsteuerüberhang	1800/Umsatzsteuer an 1400/Vorsteuer

Privatentnahmen

Bei einer Personengesellschaft hat der (auch mit seinem Privatvermögen) haftende Unternehmer das Recht, sich während des Geschäftsjahres Geld oder Waren zu entnehmen oder das Geschäftsbankkonto für private Zwecke zu nutzen, z. B. für die Einkommensteuer, die er als Privatmann an das Finanzamt schuldet. Diese Vorgänge werden in der Buchführung auf dem Konto *Privatentnahmen* gebucht, das ein Unterkonto des Eigenkapitalkontos ist.

Geschäftsvorfall	*Buchungssatz*
Der Unternehmer entnimmt sich Bargeld aus der Kasse	1610/Privatentnahmen an 1510/Kasse
Der Unternehmer entnimmt sich Waren aus dem Lager	1610/Privatentnahmen an 8710/Eigenverbrauch v. Waren an 1800/Umsatzsteuer
Spende an das „Rote Kreuz" vom Geschäftsbankkonto	1610/Privatentnahmen an 1310/Kreditinstitute
Die Einkommensteuer wird vom Geschäftsbankkonto überwiesen	1610/Privatentnahmen an 1310/Kreditinstitute

Besonderheiten beim Wareneinkauf und Warenverkauf

• ***Leihverpackung und Frachten***

Beim Wareneinkauf werden alle Bezugskosten wie Leihverpackung und Frachten etc. auf dem Unterkonto des Wareneingangskontos „*Warenbezugskosten*“ im Soll gebucht. Bei Rücksendung der Leihverpackung an den Lieferer wird die Buchung wieder storniert, d.h. durch Umdrehen rückgängig gemacht. Hier wird auch die anteilige Vorsteuer im Haben wieder „herausgenommen“. Alle Frachten, die auf einen Wareneingang zurückzuführen sind, sind auf diesem Unterkonto zu buchen, selbst wenn die Sendung vom Betrieb aus an den Lieferer geschickt wird.

Geschäftsvorfall	*Buchungssatz*
Wareneinkauf auf Ziel + Fracht + Leihverpackung + Umsatzsteuer	3010/Wareneingang an 1710/Verbindlichkeiten + 3020/Warenbezugskosten + 1400/Vorsteuer
Banküberweisung an eine Spedition für Transporte beim Wareneinkauf + Umst.	3020/Warenbezugskosten an 1310/Kreditinstitute + 1400/Vorsteuer
Rücksendung der Leihverpackung an den Lieferer + Umsatzsteuer	1710/Verbindlichkeiten an 3020/Warenbezugskosten an 1400/Vorsteuer
Speditionsrechnung für die Rücksendung der Leihverpackung an den Lieferer + Umsatzsteuer	3020/Warenbezugskosten an 1710/Verbindlichkeiten + 1400/Vorsteuer

Verpackung oder Fracht, die beim *Warenverkauf* gezahlt wird, z. B. bei der Lieferbedingung „frei Haus“, wird auf dem Aufwandskonto „*Ausgangsfrachten*“ im Soll gebucht. Wird dem Kunde (zusätzlich zur Ware) Fracht oder Verpackung in Rechnung gestellt, z.B. bei der Lieferbedingung „unfrei“, wird dies einfach auf dem Konto „Warenverkauf“ mit der Ware zusammen gebucht. Sendet der Kunde Leihverpackung zurück, so wird diese Rücksendung wie eine Warenrücksendung behandelt und auf dem Unterkonto des Warenverkaufs „Rücksendung von Kunden“ im Soll gebucht sowie die anteilige Umsatzsteuer im Soll korrigiert. Alle Frachten, die auf einen Warenverkauf zurückzuführen sind, sind als „Ausgangsfrachten“ zu buchen, selbst wenn die Sendung vom Kunden an den Betrieb geschickt wird.

Geschäftsvorfall	*Buchungssatz*
Warenverkauf auf Ziel, wir berechnen dem Kunden auch Leihverpackung + Umst.	1010/Forderungen an 8010/Warenverkauf an 1800/Umsatzsteuer
Speditionsrechnung für Transporte zu Kunden + Umsatzsteuer	4620/Ausgangsfrachten an 1710/Verbindlichkeiten + 1400/Vorsteuer
Weiterbelastung der gezahlten Frachtkosten an den Kunden + Umst.	1010/Forderungen an 8010/Warenverkauf an 1800/Umsatzsteuer
Ein Kunde sendet Leihverpackung an uns zurück + Umsatzsteuer	8050/Rücksendung v. Kunden an 1010/Forderungen + 1800/Umsatzsteuer
Speditionsrechnung für die Rücksendung der Leihverpackung eines Kunden + Umst	4620/Ausgangsfrachten an 1710/Verbindlichkeiten + 1400/Vorsteuer

- ***Mangelhafte Lieferung***

Zu den Rechten aus mangelhafter Lieferung gehören die Rücksendung der mangelhaften Ware an den Lieferanten zwecks Umtausch(neue Ware) oder Wandlung(Geld zurück). Ebenso kann aber eine Minderung in Form einer Gutschrift durch den Lieferanten erfolgen. Diese Vorgänge führen zu folgenden Buchungen:

Geschäftsvorfall	*Buchungssatz*
Rücksendung von mangelhafter Ware an einen Lieferanten + UmSt	1710/Verbindlichk. an 3050/Rücksendung an Lieferer an 1400/Vorsteuer
Gutschrift von einen Lieferanten wegen Mängelrüge + UmSt	1710/Verbindlichk. an 3060/Nachlässe von Lieferern an 1400/Vorsteuer
Ein Kunde schickt mangelhafter Ware zurück + UmSt	8050/Rücksendung v. Kunden an 1010/Forderungen + 1800/Umsatzsteuer
Gutschrift an einen Kunden wegen Mängelrüge + UmSt	8060/Nachlässe an Kunden an 1010/Forderungen + 1800/Umsatzsteuer

- ***Skonti***

Skonti sind prozentuale Preisminderungen von Forderungen oder Verbindlichkeiten für Zahlung innerhalb eines vorgegebenen Zahlungszeitraumes. Bei Lieferung des Wareneinkaufs wird auf den Warenkonten der *Zieleinkaufspreis* gebucht, da der Zahlungszeitpunkt noch nicht feststeht. Wird dann später der Rechnungsbetrag als *Bareinkaufspreis* unter Abzug von Skonto überwiesen, so mindert sich der vorher gebuchte Warenwert und auch die anteilige Umsatzsteuer, was bei der Buchung der Überweisung berücksichtigt werden muss.

Skonti können netto gebucht werden, d.h. die anteilige Umsatzsteuer wird bei jeder Zahlungsbuchung sofort korrigiert. Ebenso gibt es die Möglichkeit der *Bruttobuchung*, d. h. die anteilige Umsatzsteuer wird zunächst im Skontobetrag belassen. Ein Mal im Monat wird aus den gesamten Skontobeträgen des Monats komplett die Umsatzsteuer heraus gebucht.

Geschäftsvorfall	*Buchungssatz*
Ein Kunde überweist unter Abzug von Skonto (Nettobuchung)	1310/Kreditinstitute an 1010/Forderungen + 8080/Kundenskonti + 1800/Umsatzsteuer
Ein Kunde überweist unter Abzug von Skonto (Bruttobuchung)	1310/Kreditinstitute an 1010/Forderungen + 8080/Kundenskonti
Umsatzsteuerkorrektur bei Bruttobuchung von Kundenskonti	1800/Umsatzsteuer an 8080/Kundenskonti
Überweisung an einen Lieferer unter Abzug von Skonto (Nettobuchung)	1710/Verbindlichkeiten an 1310/Kreditinstitute an 3080/Liefererskonti an 1400/Vorsteuer
Überweisung an einen Lieferer unter Abzug von Skonto (Bruttobuchung)	1710/Verbindlichkeiten an 1310/Kreditinstitute an 3080/Liefererskonti
Umsatzsteuerkorrektur bei Bruttobuchung von Liefererskonti	3080/Liefererskonti an 1400/ Vorsteuer

- ***Boni***

Boni werden bei Erreichen eines Umsatzes innerhalb eines vorgegebenen Zeitraumes als prozentuale Preisminderung gewährt und senken so nachträglich den bereits gebuchten Warenwert und die anteilige Umsatzsteuer.

Geschäftsvorfall	*Buchungssatz*
Gutschrift an einen Kunden für Bonus	8070/Kundenboni an 1010/Forderungen + 1800/Umsatzsteuer
Gutschrift von einen Lieferanten für Bonus	1710/Verbindlichkeiten an 3070/ Liefererboni an 1400/Vorsteuer

Personalbuchungen

Geschäftsvorfall	*Buchungssatz*
Barzahlung eines Gehaltsvorschusses an einen Mitarbeiter	1130/Sonstige Forderungen an 1510/Kasse
Banküberweisung des Gehalts unter Abzug des Vorschusses	4020/Gehälter an 1310/Kreditinstitute an 1910/Verbindlichkeiten aus Steuern an 1920/Vblk aus Sozialversicherung an 1130/Sonstige Forderungen
Buchung des Arbeitgeberanteils an der Sozialversicherung	4040/Gesetzl. Soziale Aufwendungen an 1920/Vblk aus Sozialversicherung
Banküberweisung der Lohnsteuer an das Finanzamt	1910/Vblk. a. Steuern an 1310/Kreditinstitute
Banküberweisung der Sozialversicherung an die Krankenkasse	1920/Vblk. a. Sozialvers. an 1310/Kreditinstitute
Banküberweisung der Beiträge zur Unfallversicherung an die Berufsgenossenschaft	4040/Gesetzl. Soziale Aufwendungen an 1310/Kreditinstitute

Abschluss des Geschäftsjahres

Warenkonten

Zunächst werden die Warenkonten abgeschlossen. Aus der Inventur am Ende des Geschäftsjahres ergibt sich der *Warenendbestand* laut Inventur, der auf dem Konto „Warenbestand“ im Haben eingetragen wird.

Buchungssatz: 9400/Schlussbilanzkonto an 3900/Warenbestand

Der Saldo dieses Kontos wird auf das Konto „Wareneingang“ umgebucht. Ist der Schlussbestand niedriger als der Anfangsbestand *(Minderbestand),* wird gebucht

Buchungssatz: 3010/Wareneingang an 3900/Warenbestand

Ist aber der Schlussbestand höher als der Anfangsbestand (*Mehrbestand*), wird gebucht

Buchungssatz: 3900/Warenbestand an 3010/Wareneingang

Dann werden alle *Warenunterkonten* in die Konten Wareneingang (Konten mit 30..) und Warenverkauf (Konten mit 80..) umgebucht.

Beispiele für Umbuchungen

Buchungssatz:	3010/Wareneingang	an	3020/Warenbezugskosten
Buchungssatz:	3070/Liefererboni	an	3010/Wareneingang
Buchungssatz:	8010/Warenverkauf	an	8050/Rücksendungen von Kunden

Schließlich werden die Saldi von „Wareneingang" (Wareneinsatz) und „Warenverkauf" (Warenumsatz) in das Gewinn- und Verlustkonto umgebucht:

Buchungssatz:	9300/GuV	an	3010/Wareneingang
Buchungssatz:	8010/Warenverkauf	an	9300/GuV

Abschreibungen

Abnutzung des Anlagevermögens bedeutet für das Unternehmen Kosten. So werden am Ende des Geschäftsjahres Wertminderungen auf den Bestandskonten des Anlagevermögens im Haben eingetragen, auf dem Kostenkonto „*Abschreibungen*" im Soll:

Beispiel für Buchungssatz: 4900/Abschreibungen an 0330/Geschäftsausstattung

Privatentnahmen

Privatentnahmen als Unterkonto des Eigenkapitals werden in dieses umgebucht:

Buchungssatz: 0600/Eigenkapital an 1610/Privatentnahmen

Umsatzsteuerkonten

Die Vorsteuer und die Umsatzsteuer des Monats Dezember werden zunächst wie in den vorherigen Monaten verrechnet und umgebucht. (Siehe vorherige Erklärung) Die Differenz wird aber am Geschäftsjahresende auf der Bilanz aktiviert oder passiviert:

Geschäftsvorfall: Abschluss des Umsatzsteuerkontos bei Zahllast

Buchungssatz: 1800/Umsatzsteuer an 9400/Schlussbilanzkonto

Geschäftsvorfall: Abschluss des Vorsteuerkontos bei Vorsteuerüberhang

Buchungssatz: 9400/Schlussbilanzkonto an 1400/Vorsteuer

Zeitliche Abgrenzung

Bevor die Erfolgskonten in das Gewinn- und Verlustkonto abgeschlossen werden können, müssen Aufwendungen und Erträge in das Geschäftsjahr zugeordnet werden, in das sie gehören. Während des Geschäftsjahres wird auf Erfolgskonten *erst bei Zahlungsvorgängen* gebucht. Nun gibt es Aufwendungen und Erträge, die *im voraus* gezahlt werden, z. B. wird die Januarmiete für eine Lagerhalle bereits im Dezember bezahlt. So wird bereits im Dezember bei Buchung ein Erfolgskonto berührt, obwohl der entsprechende Aufwand eigentlich in die nächste Rechnungsperiode gehört. Um diesen Aufwand, der sonst im GuV „verschwände", abzugrenzen und in das nächste Jahr zu transportieren, werden „*Rechnungsabgrenzungsposten*" benutzt, die in der Schlussbilanz enden. Dabei werden „Aktive Rechnungsabgrenzungsposten" (ARAP) für Aufwendungen und „Passive Rechnungsabgrenzungsposten" (PRAP) für Erträge verwendet. Die Schlussbilanz ist durch das Übergehen in die Eröffnungsbilanz des neuen Jahres das einzige buchhalterische Mittel, um Buchungsbeträge in die nächste zeitliche Rechnungsperiode transportieren zu können.

Geschäftsvorfall: Die halbjährlich zu zahlende Kfz-Versicherung für Oktober bis März wird *im voraus* bereits im Oktober per Bank überwiesen

Buchungssätze:

• im *alten* Jahr:	4260/Versicherungen	an	1310/Kreditinstitute	(Gesamtbetrag)
• *zum 31. Dez.*:	0910/ARAP	an	4260/Versicherungen	(Jan. bis März)
• im *neuen* Jahr:	4260/Versicherungen	an	0910/ARAP	(Jan. bis März)

So wird der (überhöhte) Aufwand des alten Jahres gesenkt und der (richtige) Aufwand des neuen Jahres erhöht.

Geschäftsvorfall: Ein Darlehensschuldner überweist uns die halbjährlichen Zinsen für November bis April *im voraus* bereits im November

Buchungssätze:

• im *alten* Jahr:	1310/Kreditinstitute	an	2600/Zinserträge	(Gesamtbetrag)
• *zum 31. Dez.*:	2600/Zinserträge	an	0930/PRAP	(Jan. bis April)
• im *neuen* Jahr:	0930/PRAP	an	2600/Zinserträge	(Jan. bis April)

So wird der (überhöhte) Ertrag des alten Jahres gesenkt und der (richtige) Ertrag des neuen Jahres erhöht.

Sonstige Forderungen und Sonstige Verbindlichkeiten
Aufwendungen und Erträge, die diese Rechnungsperiode betreffen, können auch erst *nachträglich* im neuen Geschäftsjahr gezahlt werden, z.B. werden Zinsaufwendungen für Dezember erst im Januar gezahlt. Im alten Jahr fände also gar keine Buchung statt, da noch keine Zahlung erfolgt, obwohl die Aufwendungen in diese Rechnungsperiode gehören. Nun bucht man Aufwendungen mithilfe des Kontos *„Sonstige Verbindlichkeiten"* und Erträge mithilfe des Kontos *„Sonstige Forderungen"* in das alte Jahr ein.

Geschäftsvorfall: Die Darlehenszinsen für Dezember bis Februar werden von uns erst *nachträglich* im Februar per Banküberweisung beglichen.

Buchungssätze:

• im *alten* Jahr:	2100/Zinsaufwendungen	an	1940/Sonst. Verbindlichkeiten	(Dez.)
• im *neuen* Jahr:	1940/Sonst. Verbindlichkeiten (Dez)	an	1310/Kreditinstitute	
	2100/Zinsaufwendungen (Jan. + Febr.)			

So wird der (noch unberücksichtigte) Aufwand des alten Jahres erhöht und der (überhöhte) Aufwand des neuen Jahres gesenkt.

Geschäftsvorfall: Unser Mieter begleicht die Dezember- und Januarmiete erst *nachträglich* im Januar.

Buchungssätze:

• im *alten* Jahr:	1130/Sonst. Forderungen	an	2420/Betriebsfr. Erträge	(Dez.)
• im *neuen* Jahr:	1310/Kreditinstitute	an	1130/Sonst. Forderungen	(Dez.)
			2420/Betriebsfr. Erträge	(Jan)

So wird der (noch unberücksichtigte) Ertrag des alten Jahres erhöht und der (überhöhte) Ertrag des neuen Jahres gesenkt.

Rückstellungen
Für Aufwendungen, die sicher im nächsten Geschäftsjahr anfallen, aber in ihrer Höhe noch nicht feststehen, werden *Rückstellungen* gebildet. Ein typisches Beispiel ist die Gewerbesteuer, die in ihrer endgültigen Höhe erst nach Erstellung der Schlussbilanz bestimmt werden kann, also erst Anfang des nächsten Geschäftsjahres. Eigentlich ist sie ein Aufwand dieser Rechnungsperiode, kann aber erst in der folgenden gezahlt werden. Das Konto „Sonstige Verbindlichkeiten" kommt wegen der unbekannten Aufwandshöhe nicht in Betracht.
Geschäftsvorfall: Im folgenden Geschäftsjahr wird mit einer Gewerbesteuernachzahlung gerechnet.

Buchungssatz: 4210/Gewerbesteuer an 0720/Rückstellungen

Geschäftsvorfall: Die Gewerbesteuernachzahlung, die **geringer** als erwartet war, wird im nächsten Geschäftsjahr per Bank beglichen.

Buchungssatz:
0720/Rückstellungen an 1310/Kreditinstitute
an 2760/Erträge aus der Auflösung von Rückstellungen

Geschäftsvorfall: Die Gewerbesteuernachzahlung, die **höher** als erwartet war, wird im nächsten Geschäftsjahr per Bank beglichen.

Buchungssatz:
0720/Rückstellungen an 1310/Kreditinstitute
2030/Periodenfremde Aufwendungen

Gewinn und Verlust

Wenn nun alle Umbuchungen stattgefunden haben und die Erfolgskonten zeitlich abgegrenzt sind, kann festgestellt werden, ob *Gewinn* oder *Verlust* erwirtschaftet wurde. Das Gewinn und Verlust – Konto zeigt bereits den Warenumsatz im Haben und den Wareneinsatz im Soll. Die Differenz dieser beiden Werte ergibt den *Rohgewinn* oder -verlust aus den Warenbewegungen. Jetzt werden alle Konten der Kontenklassen 2 (Aufwendungen und Erträge) und 4 (Kosten) sowie das Konto „Eigenverbrauch von Waren" in das Gewinn und Verlust – Konto abgeschlossen. Ergibt sich auf der Habenseite des Gewinn und Verlust – Kontos ein höherer Betrag, so sind die Erträge höher als die Aufwendungen und es handelt sich um *Reingewinn* als *Saldo* im Soll des Gewinn und Verlust – Kontos, der in das Eigenkapital umgebucht wird.

Buchungssatz: 9300/Gewinn und Verlust an 0600/Eigenkapital

Ergibt sich auf der Sollseite des Gewinn und Verlust – Kontos ein höherer Betrag, so sind die Aufwendungen höher als die Erträge und es handelt sich um *Reinverlust* als *Saldo* im Haben des Gewinn und Verlust – Kontos, der in das Eigenkapital umgebucht wird.

Buchungssatz: 0600/Eigenkapital an 9300/Gewinn und Verlust

Schlussbilanz

Das Geschäftsjahr geht zu Ende, der Buchungskreislauf schließt sich. Alle Bestandskonten werden in die Schlussbilanz abgeschlossen. Wenn richtig gebucht wurde, ergeben Aktiv- und Passivseite der Schlussbilanz die gleiche Bilanzsumme.

KOSTEN- UND LEISTUNGSRECHNUNG, CONTROLLING

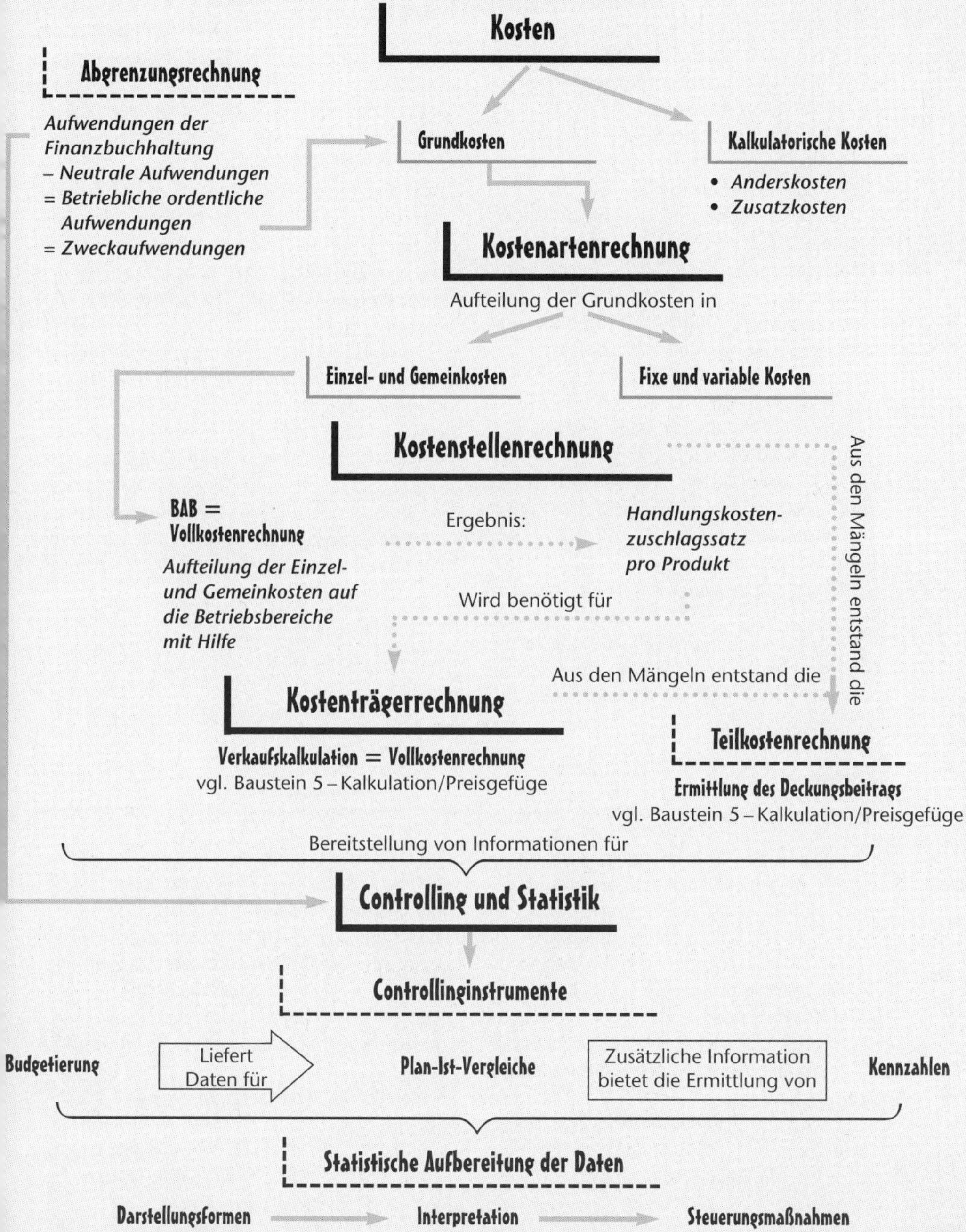

Die Kosten- und Leistungsrechnung übernimmt die Daten aus der Finanzbuchhaltung als Informationsgrundlage. In der Finanzbuchhaltung werden Aufwendungen und Erträge erfasst, die in der Gewinn- und Verlustrechnung (Unternehmensergebnis) gegenüber gestellt werden. In der Kosten- und Leistungsrechnung wird zwischen Kosten und Leistungen differenziert, die im Betriebsergebnis gegenüber stehen.
Die *Aufgaben der Kosten- und Leistungsrechnung* lassen sich wie folgt zusammenfassen:

- Erfassung aller betrieblich verursachten Kosten und erzielten Leistungen,
- Bereitstellung von Informationen über deren Entwicklung innerhalb eines Zeitablaufes,
- Verdeutlichung der Ursachen von Entstehung und Entwicklung der Kosten, d. h. Kontrolle der Wirtschaftlichkeit.

Kosten = wertmäßiger Verzehr an Gütern und Dienstleistungen, der durch Beschaffung, Lagerung und Absatz der Waren und die Aufrechterhaltung des Betriebes verursacht wird, z.B. Wareneinsatz, Löhne, Gehälter.
Leistungen = diejenigen Erträge, die der betrieblichen Leistungserstellung zuzurechnen sind, z. B. Umsatzerlöse.

Abgrenzungsrechnung

In der Abgrenzungsrechnung werden die Aufwendungen und Erträge der Finanzbuchhaltung hinsichtlich ihres *Betriebszweckes* genau differenziert. Sie dient als Grundlage für die Überwachung des betrieblichen Ergebnisses und zur Kalkulation.
Aus den ***Gesamtaufwendungen der Finanzbuchhaltung*** werden die ***neutralen Aufwendungen*** heraus gerechnet. Die neutralen Aufwendungen setzen sich zusammen aus den ***betriebsfremden Aufwendungen*** (sie dienen nicht dem Betriebszweck, z. B. Schönheitsreparaturen an vermieteten Gebäude) und den ***außerordentlichen Aufwendungen*** (die untypisch und zufällig sind und das Bild des normalen Betriebsgeschehens verfälschen würden, z.B. Totalschaden eines LKW). Sind die neutralen Aufwendungen abgezogen, erhält man die ***betrieblich ordentlichen Aufwendungen*** = ***Zweckaufwendungen*** = ***Grundkosten*** .

Kosten

Grundkosten werden diese Aufwendungen deshalb genannt, da sie Kosten sind, die durch den eigentlichen Betriebszweck entstanden sind, z.B. Wareneinsatz, Löhne. Zusätzlich zu den Grundkosten werden in der Abgrenzungsrechnung noch die **kalkulatorische Kosten** (Kosten, die keinem Aufwand entsprechen) erfasst. Diese werden aufgeteilt in ***Anderskosten*** (Kosten, die in anderer Höhe als Aufwand erfasst sind, z.B. kalkulatorische Abschreibungen) und ***Zusatzkosten*** (Kosten, denen kein Aufwand gegenübersteht, z. B. kalkulatorischer Unternehmerlohn). Durch die Ermittlung der kalkulatorischen Kosten kann die Ertragskraft des Unternehmens richtig beurteilt werden. Sie dient als Grundlage für eine stabile Preiskalkulation. Die kalkulatorischen Kosten werden im Betriebsergebnis als Kosten und die Differenz als kostenrechnerische Korrektur bei den betriebsbezogenen Abgrenzungen erfasst.
Mithilfe der Ergebnistabelle wird kontrolliert, ob sich das Gesamtergebnis hauptsächlich aus dem Betriebsergebnis oder dem neutralen Ergebnis ergibt. Ist das neut-

rale Ergebnis Hauptbestandteil des Gesamtergebnisses, also resultieren die Gewinne hauptsächlich aus sachfremden Aktivitäten, so muss der Betriebszweck neu überdacht werden.

Das *Betriebsergebnis* wird in Form einer *Ergebnistabelle* dargestellt:

Finanzbuchhaltung	*unternehmensbezogene Abgrenzung*	*betriebsbezogene Abgrenzung*	Kosten- und Leistungsarten
Werte der Finanzbuchhaltung = alle Aufwendungen und Erträge aus dem Unternehmensergebnis	Differenzierung *betriebsfremder Aufwendungen* und *Erträge* z. B. Aufwendungen für Renovierung eines vermieteten Wohnhauses	Differenzierung *betrieblich außerordentlicher Aufwendungen* und *Erträge* z. B. Warenverluste durch Verderb	Gegenüberstellung von Grundkosten und Leistungen ermittelt den Erfolg des Unternehmens durch die rein betriebliche Tätigkeit
Gesamtergebnis	neutrales Ergebnis		Betriebsergebnis

Kostenartenrechnung

Die Kostenartenrechnung dient der Kostenzuordnung. Sie erfasst und unterteilt die Kosten nach verschiedenen Kriterien:

- ***Einzelkosten und Gemeinkosten***

Nach der *Art der Verrechnung* wird unterschieden in Einzelkosten und Gemeinkosten. Diese Unterscheidung ist von Bedeutung für die Kostenstellenrechnung. Die Einzelkosten sind dem Einzelnen Bezugsobjekt (z. B. Auftrag) unmittelbar zurechenbar, z. B. der Wareneinsatz. Die Gemeinkosten werden durch den Gesamtbetrieb verursacht und sind keinem Bezugsobjekt zurechenbar, z. B. Miete, Steuern.

- ***Fixe und variable Kosten***

Nach dem *Verhalten der Kosten bei Beschäftigungsschwankungen* (Schwankungen in der Ausbringungsmenge) wird unterschieden in fixe und variable Kosten. Fixe Kosten sind unabhängig von der Ausbringungsmenge und bleiben bei Absatzschwankungen konstant z. B. Kapitalkosten, Abschreibungen. Variable Kosten ändern sich in Abhängigkeit von der Absatzmenge, z. B. Wareneinsatz, Verpackung.

Kostenstellenrechnung

Ziel der Kostenstellenrechnung ist die Aufteilung der Kosten auf die Betriebsbereiche z. B. Abteilungen, an denen sie verursacht wurden. In Form eines *Betriebsabrechnungsbogens* (**BAB** = **Vollkostenrechnung**) werden zunächst die Einzelkosten auf die Kos-

tenstellen verteilt. Die Kostenstellen ergeben sich durch die Betriebsbereiche, z. B. Beschaffung – Lager – Verkauf. Die Gemeinkosten werden entsprechend eines Verteilungsschlüssels auf die einzelnen Kostenstellen verteilt: z. B. wird die Miete entsprechend der Raumgröße nach m^2 verteilt.
Die in der Abteilung Rechnungswesen / EDV /Verwaltung (= Hilfskostenstelle) angefallenen Kosten werden durch die anderen Kostenstellen verursacht und müssen deshalb auch mithilfe eines Verteilungsschlüssels auf die Hauptkostenstellen (Beschaffung – Lager – Verkauf) verteilt.
Das Ergebnis beim *mehrstufigen BAB* ist eine Zuordnung der Handlungskosten auf die einzelnen Produktgruppen bzw. Produkte. Das Verhältnis der Handlungskosten zum Wareneinsatz ergibt den **Handlungskostenzuschlagssatz** (vgl. 5. Baustein). Damit bildet die Kostenstellenrechnung die *Grundlage für die Kalkulation.*

Kostenträgerrechnung

Die Kostenträgerrechnung benötigt den eben ermittelten Handlungskostenzuschlagssatz zur Erstellung der **Verkaufskalkulation**. Die Verkaufskalkulation ist ein Bestandteil der **Vollkostenrechnung**. Sie wird im Baustein 5 – Kalkulation/Preisgefüge gesondert dargestellt.

Teilkostenrechnung

Die Teilkostenrechnung ersetzt nicht die Vollkostenrechnung, obwohl sie aus den Mängeln der Vollkostenrechnung entstanden ist. Die Teilkostenrechnung geht von konstanten Verkaufspreisen aus und untersucht die Änderung des Gewinns bei sich ändernder Absatzmenge. Dazu werden die variablen Kosten als Block behandelt: Einstandspreis + variable Handlungskosten. Ziel ist die **Ermittlung des Deckungsbeitrags**:

Umsatzerlöse – variable Kosten = Deckungsbeitrag.
Deckungsbeitrag – Fixkosten = Betriebsgewinn/-verlust

Ist der *Deckungsbeitrag = 0*, dann spricht man von der *kurzfristigen Preisuntergrenze*. Baustein 5 – Kalkulation/Preisgefüge). Werden die Fixkosten durch den Deckungsbeitrag genau gedeckt, erreicht der Betrieb die Gewinnschwelle = Break Even Point.

Controlling und Statistik

Das Controlling bedient sich der Informationen aus der Finanzbuchhaltung und der Kosten- und Leistungsrechnung. Die *Aufgabe des Controllings* besteht darin, Informationen zu sammeln, aufzubereiten und zu analysieren. Der Unterschied zur Kosten- und Leistungsrechnung besteht darin, dass das Erkennen positiver bzw. negativer Tendenzen weitreichende geschäftspolitische Entscheidungen nach sich ziehen kann. Deshalb ist die Abteilung Controlling i. d. R. als Stabstelle (also beratend ohne Weisungsbefugnisse) in der Unternehmenshierarchie angesiedelt.

Controllinginstrumente:

• ***Budgetierung***

Die Budgetierung dient der Erstellung von Planwerten in Form von Geld- und Mengengrößen, z.B. der Planung des Finanzbudgets mithilfe des BABs. Ziel der Budgetierung ist, der Unternehmensleitung Dispositions-, Kontroll- und Steuerungshilfen für betriebliche Prozesse zur Verfügung zu stellen.

• ***Plan-Ist-Vergleiche***

Die im Rahmen der Budgetierung festgelegten Werte werden im Rahmen von Plan-Ist-Vergleichen den erreichten Werten gegenübergestellt. Der Vergleich der Daten erfolgt entweder in der *Kostenstellenrechnung* (Betriebsabrechnungsbogen) oder in der *Deckungsbeitragsrechnung*.

• ***Kennzahlen***

Zusätzlich zu den Plan-Ist-Vergeichen bieten Kennzahlen die Möglichkeit, bestimmte Zustände aus der Bilanz, der Gewinn- und Verlustrechnung sowie der Lagerhaltung vergleichend darzustellen. Sie sollen ebenfalls Grundlagen für zukünftige Entscheidungen liefern. Die wichtigsten Kennzahlen, mit denen das Controlling arbeitet sind:
Lagerkennzahlen (z. B. Umschlagshäufigkeit, Lagerdauer),
Finanzkennzahlen (z. B. Eigenkapital- und Fremdkapitalanteil sowie Verschuldungsgrad),
Rentabilitätskennzahlen (z. B. ... des Eigenkapitals, ... des Gesamtkapitals, ... des Umsatzes).

Statistische Aufbereitung der Daten

• ***Darstellungsformen***

Alle gesammelten Daten, die i. d. R. in Form einer Tabelle festgehalten wurden, müssen zum Zwecke der Aussagefähigkeit grafisch dargestellt werden. Man unterscheidet: Stab-, Säulen- und Kurvendiagramme sowie Flächendiagramme und Bildstatistiken. Je nach Art der darzustellenden Zusammenhänge muss zwischen den Darstellungsformen ausgewählt werden.
Stab-, Säulen- und Kurvendiagramme sind überwiegend geeignet für die Darstellung von Entwicklungen innerhalb eines bestimmten Zeitablaufes (z. B. Entwicklung des Lagerbestandes).
Flächendiagramme (z.B. das Kreisdiagramm) eignen sich hauptsächlich für die Darstellung bestimmter Zusammensetzungen (in %) einer Gesamtheit (= 100 % = 360°), z. B. Sortimentsstruktur des Unternehmens.
Bildstatistiken dienen der Verschönerung der o. g. Diagramme durch Einbindung von Bildern. Sie sind oft in Tageszeitungen zu finden.

• ***Interpretation der Ergebnisse***

Nach der Sammlung, dem Vergleich und der Aufbereitung der Daten folgt die Analyse der Daten. Hier müssen positive und negative Tendenzen erkannt werden. Ziel ist, die Sicherung der Rentabilität, der Zahlungsfähigkeit also der Lebensfähigkeit des Unternehmens. Werden Fehlentwicklungen erkannt, müssen Steuerungsmaßnahmen vorgeschlagen werden.

• ***Steuerungsmaßnahmen***

Zunächst müssen die neuen Plandaten entsprechend der Entwicklung korrigiert werden. Danach ist auch die Zuweisung von Verantwortung für bestimmte Abweichungen denkbar (z. B. Verbrauchsabweichungen sind vom Kostenstellenleiter zu verantworten). Positive Entwicklungen sollten gefördert werden.

BAUSTEIN 13

ZAHLUNGSVERKEHR

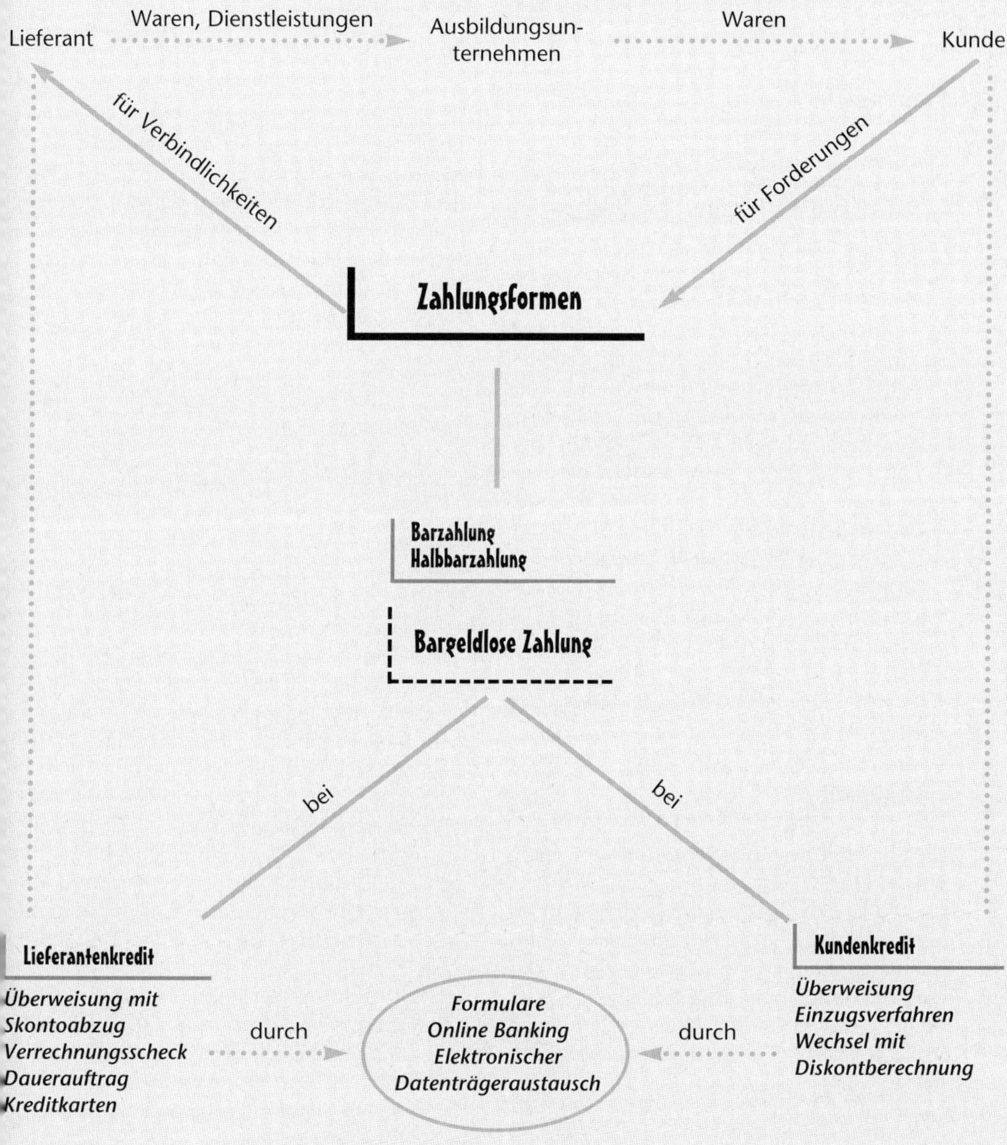

Zahlungsformen

Zahlungsformen bestehen zum Einen bei der Begleichung von Verbindlichkeiten an Lieferanten und zum Anderen beim Erhalt von Forderungen von Kunden.

Barzahlung

Die Barzahlung geschieht durch Übergabe von *Scheinen und Münzen* vom Schuldner an den Gläubiger. Zumeist unterschreibt der Gläubiger eine Quittung, die dann beim Schuldner als Nachweis der Zahlung verbleibt. Die Quittung ist prinzipiell formlos, sollte aber den Betrag in Worten und Ziffern, Datum und Unterschrift des Gläubigers, Namen des Schuldners und Raum für den Verwendungszweck sowie die Quittungsklausel (...bestätige, erhalten zu haben) enthalten, um aussagefähig zu sein. Eine weitere Barzahlungsmöglichkeit ist die *Postanweisung*, auch telegrafisch. Hier zahlt der Schuldner den Betrag bar bei einer Poststelle ein, der Gläubiger erhält den Betrag bar vom Briefträger oder von der Poststelle an seinem Ort ausbezahlt. Dies ist eine noch bestehende, immer seltener werdende Zahlungsmöglichkeit für Personen ohne Girokonto oder in Notfällen.

Halbbarzahlung

Zu der Halbbarzahlung gehört der *Zahlschein*. Ein Schuldner ohne Girokonto hat die Möglichkeit, bei einem Kreditinstitut einen Betrag bar einzuzahlen und den Zahlschein auszufüllen. In der Regel wird das gleiche Formular wie bei einer Überweisung benutzt, das schon den Aufdruck „Überweisung/Zahlschein" aufweist. Der eingezahlte Betrag wird dem Gläubiger auf seinem Girokonto gutgeschrieben. Auch die *Nachnahme* ist eine halbbare Zahlung, da der Warenempfänger als Schuldner die Sendung lediglich gegen Zahlung des Nachnahmebetrages ausgehändigt bekommt und dann eine Gutschrift auf dem Konto des Gläubigers erfolgt. Dadurch ist die Gefahr des Zahlungsverzuges gebannt.
Eine umgekehrte Halbbarzahlung geschieht bei der Verwendung eines *Barscheck*. Hier erhält der Schuldner als Kontoinhaber von seinem Kreditinstitut Scheckformulare, die er bei Zahlung ausfüllt und dem Gläubiger überreicht. Während der Betrag vom Konto des Schuldners abgebucht wird, kann der Gläubiger entscheiden, ob er sich den Betrag bar von dem bezogenen Kreditinstitut auszahlen lassen möchte oder den Barscheck bei seiner Hausbank zur Einlösung einreicht. Im Scheckgesetz sind die *gesetzlichen Bestandteile* des *Schecks* geregelt:

- das Wort „Scheck"
- Anweisung, eine bestimmte Geldsumme (in Buchstaben) zu zahlen
- Name des bezogenen Kreditiinstitutes
- Angabe des Zahlungsortes
- Tag und Ort der Ausstellung
- Unterschrift des Ausstellers

Neben den gesetzlichen Bestandteilen gibt es *kaufmännische Bestandteile*, die die Abwicklung des Scheckverkehrs erleichtern (z. B. Bankleitzahl etc.) Hierzu gehört auch die Wiederholung des Betrages in Ziffern. Sollten der Betrag in Ziffern und der in Worten voneinander abweichen, so gilt der in Worten. Mit der „Überbringerklausel" zeigt das Kreditinstitut an, dass sie bei Auszahlung an einen Unberechtigten (z. B. an einen Dieb) nicht haftet. Der Verlust eines Barschecks birgt mithin ein erhebliches Risiko des Geldverlustes. Auch soll die „Guthabenklausel" auf dem Scheckformular anzeigen, dass das Kreditinstitut nur auszahlt, wenn das Konto ausreichend gedeckt ist. Der Erhalt eines Barschecks von einem Schuldner bedeutet also noch nicht, dass die Forderung beglichen ist. Jeder gültige und gedeckte Scheck, auch ein vordatierter Scheck, muss bei Sicht, d.h. bei Vorlage beim Kreditinstitut, eingelöst werden, es sei denn, die Einlösefristen wurden überschritten. Diese betragen im Inland 8 Tage, in Europa 20 Tage und in anderen Kontinenten 70 Tage. Eine besondere Form des Barschecks ist der *Euroscheck*. Er kann in verschiedenen europäischen Währungen ausgestellt und in diesen Ländern genutzt werden. Beim Euroscheck garantiert das bezogene Kreditinstitut die Einlösung bis zu 400,00 DM je Scheck. Der Euroscheck gilt nur in Verbindung mit einer Euroscheckkarte, deren Nummer auf der Rückseite des Euroschecks eingetragen wird. Der Euroscheck verliert immer mehr an Bedeutung, da heute alleine mit der Euroscheckkarte und einer individuellen Geheimzahl Bargeld an Geldautomaten gezogen werden kann und zusammen mit einer Unterschrift, auch ohne Geheimzahl, im Lastschriftverfahren gezahlt werden kann (was dann zur bargeldlosen Zahlung gehört).

Bargeldlose Zahlung

Die häufigste Form der bargeldlosen Zahlung ist die ***Überweisung*** vom Konto des Schuldners (Lastschrift) auf das Konto des Gläubigers (Gutschrift). Bei **Lieferantenkredit** mit möglichem ***Skontoabzug*** bietet sich die Zahlung unter Ausnutzung von Skonto selbst dann an, wenn das eigene Konto den Betrag vorübergehend nicht deckt und ein Überziehungskredit beim Hausbankkonto in Anspruch genommen wird.

- *Beispiel:*
  Zahlungsbedingung: innerhalb von 10 Tagen 3 % Skonto, 30 Tage Zahlungsziel
  Rechnungsbetrag: 5.000,00 EURO
- *Effektivzins:*
  Da der Lieferant für seinen Kredit über 20 Tage 3 % Zins berechnet (die ersten 10 Tage kosten nichts), ergibt sich eine jährliche Effektivverzinsung von 54 % (3 · 360 : 20), die mit Sicherheit über dem Zinssatz des Überziehungskredites liegt.
- *Skontoabzug:*
  Der Überweisungsbetrag bei Ausnutzung des Skonto beträgt 4.850,00 EURO, da das Skonto 150,00 EURO ausmacht.
- *Finanzierungsgewinn:*
  Ein Überziehungskredit beim Hausbankkonto kostet 8% Zinsen p.a.. Wenn dieser ausgenutzt werden müsste, um mit Skontoabzug zahlen zu können, entstünden Zinsaufwendungen in Höhe von 21,56 EURO: $\frac{4\,850{,}00 \cdot 8 \cdot 20}{100 \cdot 360}$

  Da bei Überschreitung der Skontofrist 150,00 EURO mehr anfielen, ergibt sich ein Finanzierungsgewinn von 128,44 EURO (150,00–21,56).

Statt die Verbindlichkeit zu überweisen, kann dem Lieferanten ein ***Verrechnungsscheck*** übergeben werden. Jedes Scheckformular kann zu einem Verrechnungsscheck gemacht werden, in dem „nur zur Verrechnung" auf die linke obere Ecke vermerkt wird. Dadurch kann der Scheck nicht mehr bar ausgezahlt, sondern nur noch auf einem Konto gutgeschrieben werden. Dadurch lässt sich bei Verlust oder Diebstahl des Schecks der Weg des Schecks besser nachvollziehen. In diesem Falle sollte der betreffende Scheck sofort bei der Bank gesperrt werden.

Bei regelmäßig anfallenden Verbindlichkeiten in gleicher Höhe (z. B. Miete) kann der ***Dauerauftrag*** genutzt werden. Der Schuldner beauftragt seine Hausbank, in einem bestimmten Zeitrhythmus immer wieder den gleichen Betrag an den gleichen Gläubiger zu überweisen. So kann der Verwaltungsaufwand einzelner Überweisungen entfallen.

Für Vertriebsmitarbeiter, die ständig im Auftrag der Firma unterwegs sind und für Unterkunft, Verpflegung etc. zahlen, ist die Zahlung mit ***Kreditkarten*** vorteilhaft. Kreditkarteninstitute wie VISA, American Express, Mastercard etc. bieten Girokontoinhabern mit regelmäßigem Einkommen Kreditkarten über die Kreditinstitute an, die diese dann gegen eine jährliche Gebühr oder unentgeltlich vergeben. Für Vertriebsmitarbeiter u. a. sind auch spezielle Firmenkreditkarten üblich. Die Kreditkarteninstitute übernehmen gegenüber dem Gläubiger, z.B. einem Hotel, die Haftung für ihren Forderungseingang (Delkrederefunktion), wenn Bedingungen wie online-Buchung oder maschinelle Buchung anhand der Identifikationsmerkmale auf der Karte eingehalten werden. Im Gegenzug wird dem Gläubiger ein um eine prozentuale Gebühr verminderter Betrag (zwischen 92 % und 98 %) gutgeschrieben. Der Gläubiger ist nicht berechtigt, diese Gebühr an den Schuldner weiter zu geben. Der Kreditkartenzahler zahlt mit Karte und Unterschrift den selben Betrag wie der Barzahler. Viele Gläubiger im Dienstleistungsbereich und im Einzelhandel nehmen trotzdem Kreditkarten an, da neue Kunden gewonnen werden können und Kunden dazu geneigt sind, höhere Beträge auszugeben. Die Kreditkarteninstitute ziehen ein Mal monatlich die ausgegebene Kreditsumme vom Girokonto des Kreditkartenzahlers per Lastschrift (Einzugsermächtigung des Schuldners) ein.

Bei **Kundenkredit** kann der Kunde die Einzelforderung jeweils überweisen. Einfacher ist es einem Stammkunden, der regelmäßig unterschiedliche Beträge schuldet, eines der beiden ***Einzugsverfahren*** anzubieten. Beim *Einzugsermächtigungsverfahren* ermächtigt der Schuldner den Gläubiger mit seiner Unterschrift, per Lastschrift Geld von seinem Girokonto einziehen zu dürfen. Innerhalb von 6 Wochen nach jeder Belastung des Kontos besteht ein Widerrufsrecht, eine Kündigung ist jederzeit möglich. Als Lieferant, der zum Einzug vom Konto des Kunden berechtigt ist, kann man den Zahlungstermin so selbst bestimmen und die Gefahr des Zahlungsverzuges wird gemildert. Beim *Abbuchungsverfahren* teilt der Schuldner seinem Kreditinstitut mit, dass Lastschriften durch einen bestimmten Gläubiger stattfinden können, wobei eine Höchstsumme vorgegeben werden kann. Der Gläubiger veranlasst dann die Abbuchung. Der Abbuchungsauftrag kann jederzeit widerrufen werden.

Von Kunden, die ein längeres Zahlungsziel wünschen, kann ein ***Wechsel*** angenommen werden. Der Kunde als Bezogener akzeptiert eine ihm vom Lieferant als Wechselaussteller übergebene Tratte und verpflichtet sich so zur Einlösung des Wechsels durch Zahlung der Wechselsumme am Verfalltag. Dieses Akzept bedeutet für den Lieferanten eine zusätzliche Absicherung der Forderung durch die Wechselstrenge. Der Wechsel hat somit Zahlungsfunktion, Kreditfunktion und Sicherungsfunktion. Die *gesetzlichen Bestandteile* des Wechsels sind:

- das Wort „Wechsel"
- Anweisung, eine bestimmte Geldsumme zu zahlen (in Ziffern und Buchstaben)
- Name dessen, der zahlen soll (Bezogener)
- Verfalltag des Wechsels (der Zahlungszeitpunkt)
- Zahlungsort
- „Order", an wen gezahlt werden soll (Wechselnehmer/Remittent)
- Ort und Tag der Ausstellung
- Unterschrift des Ausstellers

Meistens wird die Wechselsumme so gewählt, dass zur eigentlichen Forderung eine Verzinsung auf die Laufzeit des Wechsels (***Diskont***) gerechnet wird, damit dem Gläubiger keine Kosten entstehen:

- *Beispiel:*

Forderungshöhe	5.000,00 EURO
Ausstellungstag	13. August
Verfalltag	13. November des selben Jahres
Kapitalmarktzins	8 % p.a.

- *Diskontberechnung*

  Während Zinsen allgemein nach der kaufmännischen Zinsformel berechnet werden, also jeder Monat mit 30 Tagen und das Jahr mit 360 Tagen, wird der Diskont nach der *Eurozinsmethode* gerechnet, d.h.

jeder Monat kalendergenau und das Jahr mit 360 Tagen, hier also 92 Zinstage.

$$\frac{5.000,00 \cdot 8 \cdot 92}{100 \cdot 360} = 102,22 \text{ EURO}$$

Der Lieferant kann das Kundenakzept bis zum Verfalltag aufheben, ihn vor dem Verfalltag als Zahlungsmittel an eigene Gläubiger weiter reichen (indossieren) oder bei einer Bank diskontieren lassen. Ist am Ausstellungstag bereits bekannt, dass das Kundenakzept weiter gereicht wird, wird der Name des Wechselnehmers in der Zeile „an..." in den Wechsel eingetragen. Ansonsten erfolgt die Eintragung „an fremde Order" (es ist noch nicht bekannt, an wen weiter gereicht wird) oder „an eigene Order" (es ist noch nicht bekannt, ob weiter gereicht wird). Beim Diskontieren zieht die Bank ebenfalls ***Diskontzinsen*** von der Wechselsumme ab und schreibt dem Einreicher den Barwert gut.

- *Beispiel:*
  Der oben angeführte Wechsel wird am 1. September bei der Bank diskontiert
- *Diskontberechnung*

$$\frac{5.000,00 \cdot 8 \cdot 74}{100 \cdot 360} = 82,22 \text{ EURO}$$

Jeder Indossant unterschreibt auf der Rückseite des Wechsels und haftet für die Wechselsumme. Am Verfalltag legt der Wechselinhaber den Wechsel zur Einlösung beim Bezogenen vor oder lässt ihn durch seine Bank vorlegen. Sollte der Bezogene nicht zahlen, „platzt" der Wechsel und die Wechselstrenge wirkt sich aus. Der Wechselinhaber kann die Wechselsumme von jedem verlangen, der den Wechsel unterschrieben hatte (Regress nehmen). Am Ende kommt es zur Wechselklage, bei der die Ladungsfristen sehr kurz, die Beweismittel sehr beschränkt und die Einwendungen des Bezogenen sehr begrenzt sind. So kann es im Vergleich zum sonstigen gerichtlichen Mahnverfahren bei Zahlungsverzug sehr schnell zu einer Zwangsvollstreckung kommen.

Zahlungsmethoden bei bargeldloser Zahlung

Geldbewegungen auf den Konten der Kreditinstitute können durch ***Formulare*** auf Papier veranlasst werden, z.B. durch Ausfüllen und Abgabe eines Überweisungsformulares. Daneben gibt es auch das ***Online-Banking***, bei dem der Schuldner per Computer mit dem Rechner des Kreditinstitutes kommuniziert (mit der Hilfe von Modem, ISDN, Intranet oder Internet). Dies führt zur Einsparung von Verwaltungsaufwand und zur Unabhängigkeit von den Geschäftszeiten der Banken. Allerdings müssen dabei die Daten wie Geldsumme und Zahlungsempfänger neu in den Computer eingegeben werden, Formulare werden am Computer ausgefüllt und es kann zu Übertragungsfehlern kommen. Trotz der Absicherung durch TAN-Nummern und verschiedenen Sicherungsebenen in der Kommunikation fürchten viele Nutzer des Online Banking den Missbrauch ihrer Konten durch Unbefugte. Für Unternehmen, die ein Warenwirtschaftssystem nutzen, bei dem ständig aktuelle Daten über Verbindlichkeiten vorliegen, empfiehlt sich der elektronische ***Datenträgeraustausch***. Die Daten werden auf einem Speichermedium gespeichert und in das DV-System der Bank eingelesen. So entfallen Übertragungsfehler und auch das elektronische Ausfüllen von Formularen, allerdings müssen die Speichermedien bei der Bank abgegeben werden. Beim *direkten Datenaustausch* spielt das Unternehmen die Daten über zu zahlende Verbindlichkeiten aus dem Finanzbuchhaltungsprogramm des Warenwirtschaftssystems direkt in den Rechner der Bank ein. Die automatische Durchführung der Buchungen führt zu einer großen Zeit- und Kostenersparnis beim Schuldner, allerdings auch zu einem weiter gehenden Personalabbau bei den Banken.

FINANZIERUNG/KREDITWESEN

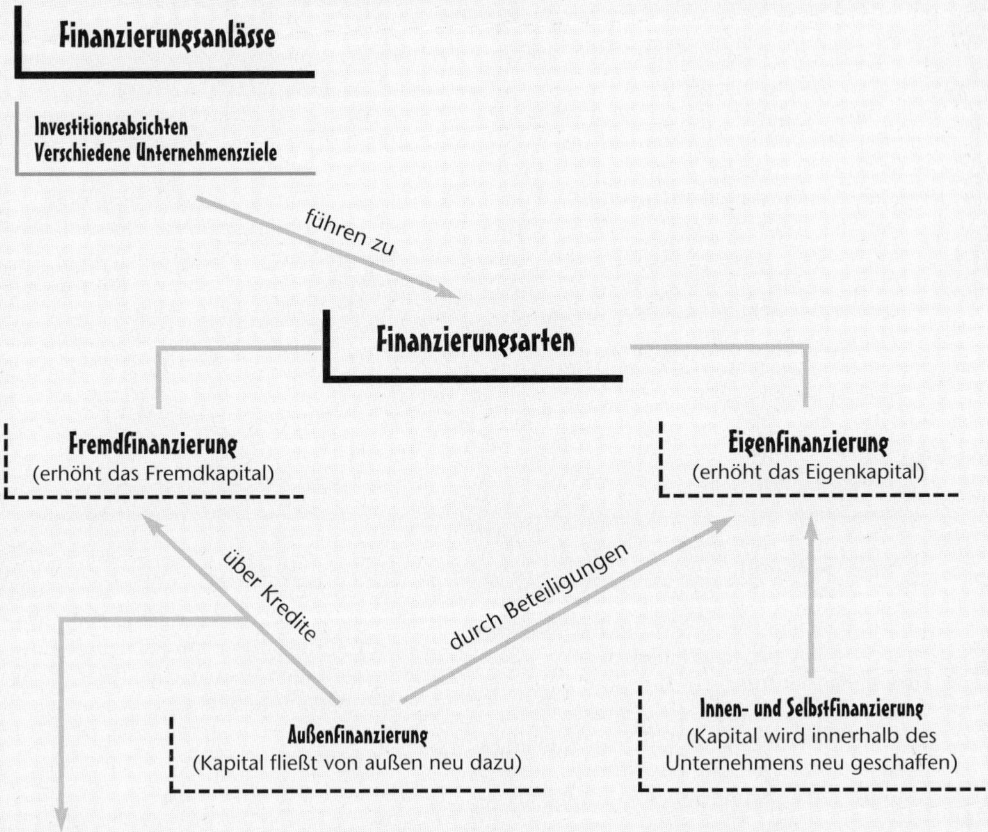

Kreditarten	Kreditsicherung durch	Übliche Kreditdauer
Grundschuld, Hypothek	*Anlagevermögen:* Grundstücke und Gebäude	langfristig (über 4 Jahre Laufzeit)
Sicherungsübereignung, Leasing, Darlehen	Maschinen Fuhrpark Geschäftsausstattung	mittelfristig (zwischen 1 und 4 Jahre Laufzeit)
Lieferantenkredit, Lombardkredit *Factoring, Zession, Kundenkredit* *Lombardkredit* *Diskontkredit* *Kontokorrentkredit*	*Umlaufvermögen:* Waren Forderungen Wertpapiere Besitzwechsel Bank	kurzfristig (bis 1 Jahr Laufzeit)
Bürgschaft	Bürge als Personensicherheit	Jeder Dauer möglich

Finanzierungsanlässe

Der wichtigste Finanzierungsanlass ist die Investitionsabsicht. ***Investition*** ist die Verwendung des durch Finanzierung beschafften Kapitals und schlägt sich auf der Aktivseite der Bilanz nieder. Es gibt

- *Ersatzinvestitionen,* die der Aufrechterhaltung der bisherigen Leistungsbereitschaft dienen, z. B. Ersatz veralteter und verbrauchter Maschinen
- *Neuinvestitionen*, die der Erweiterung der Leistungsbereitschaft dienen und das Wirtschaftswachstum erhöhen. Neuinvestitionen können sein
- Erweiterungsinvestitionen zur Erhöhung der Produktionsmittel
- Rationalisierungsinvestitionen in Betriebsmittel, die produktiver sind als die bisherigen
- Vorratsinvestitionen in Lagerbestände

Weitere Finanzierungsanlässe ergeben sich aus verschiedenen ***Unternehmensziele*** wie Sicherung der Liquidität, Steigerung der Rentabilität, finanzielle Unabhängigkeit etc..

Finanzierungsarten

Fremdfinanzierung

Grundsätzlich gibt es die Möglichkeiten der Fremd- oder der Eigenfinanzierung. Die Fremdfinanzierung geschieht durch Zufluss von neuem Fremdkapital (Krediten) von *außen* und erhöht den Fremdkapitalanteil des Gesamtkapitals. Dies kann sowohl der Sicherung der Liquidität dienen als auch die Rentabilität steigern, führt aber zu größerer finanzieller Abhängigkeit von Kreditgebern.

Eigenfinanzierung

Die Eigenfinanzierung kann auf verschiedenem Wege stattfinden. So können sich neue Kapitalgeber am Unternehmen beteiligen. Dies ist eine Kombination aus Eigen- und **Außenfinanzierung**, da neues Kapital von außen zufließt und den Eigenkapitalanteil des Gesamtkapitals erhöht. Eine andere Bezeichnung für diese Form der Finanzierung ist Beteiligungsfinanzierung. Beispiele sind Aufnahme eines neuen Kommanditisten bei der KG, Aufnahme eines neuen Gesellschafters bei der GmbH, Umwandlung eines Einzelunternehmens in eine Personengesellschaft wie KG oder in eine Kapitalgesellschaft wie GmbH und nicht zuletzt die Ausgabe neuer Aktien bei einer AG. Hier erhalten die neuen Kapitalgeber zwar eine Vergütung wie Gewinnanteile oder Dividende, was vergleichbar ist mit den Zinsaufwendungen bei Fremdfinanzierung, allerdings wird das neue Kapital nicht zurück gezahlt wie ein Kredit. Ein möglicher Nachteil der Beteiligungsfinanzierung ist die Minderung der unternehmerischen Entscheidungsfreiheit.

Die zweite Form der **Eigenfinanzierung** ist die Selbstfinanzierung als **Innenfinanzierung**. Hier wird Kapital innerhalb des Unternehmens neu geschaffen und erhöht den Eigenkapitalanteil. So kann der Gewinn als *offene Selbstfinanzierung* im Unternehmen verbleiben, d. h. nicht ausgeschüttet und in der Bilanz ausgewiesen werden. Als *stille Selbstfinanzierung* ist der ausgewiesene Gewinn „künstlich" gemindert worden durch Unterbewertung der Vermögensteile auf der Aktivaseite oder Überbewertung der Schul-

den auf der Passivaseite der Bilanz. So werden in der Bilanz *stille Reserven* gebildet.
Innen- und Eigenfinanzierung kann auch als *Abschreibungsfinanzierung* bestehen. Da Abschreibungen in die Verkaufspreise einkalkuliert werden, fließt durch die Umsatzerlöse bereits dann Geld in das Unternehmen, wenn die abzuschreibenden Vermögensteile noch benutzt werden. Das Geld steht schon vor dem geplanten Ersatz des Vermögensteiles (Nutzungsdauer) zur Verfügung und kann für eine Erweiterung des Anlagevermögens (Kapazitätserweiterung) oder für andere Zwecke wie Rationalisierungsinvestitionen genutzt werden.

Kreditarten

Lang- und mittelfristige Kredite

Die Fremdfinanzierung von Anlagevermögen, das lange im Unternehmen verbleibt, wird meist nicht kurzfristig geplant, da auch wegen möglicher Zinsschwankungen die Sicherung der Liquidität gefährdet wäre.
Daher bietet sich für die Finanzierung von Grundstücken und Gebäuden die ***Hypothek*** oder die Grundschuld an. Beiden ist gemeinsam, dass eine Eintragung im Grundbuch zu Gunsten des Kreditgebers als Kreditsicherung erfolgen muss. Der Hypothekenkredit hat eine Zinsbindung von 5 bis 30 Jahren und wird durch Annuitätentilgung an den Kreditgeber zurück gezahlt, d. h. die monatliche Belastung bleibt über die gesamte Laufzeit gleich hoch, jedoch sinken mit der Zeit die Zinsanteile der Annuitätenrate und die Tilgungsanteile erhöhen sich durch stetige, aber langsame Tilgung des aufgenommenen Kredites. Der Zinssatz ist im ersten Rang der Eintragung (bei Sicherung der ersten 60% des Immobilienwertes) niedriger als in den folgenden Rängen, da bei Zwangsversteigerung der Immobilie bei Konkurs erfahrungsgemäß mindestens diese 60% des Verkehrswertes nach Abzug aller Kosten befriedigt werden können. Der Schuldner haftet bei der Hypothek dinglich (mit der Immobilie) und zusätzlich auch persönlich.
Die ***Grundschuld*** ist zunächst kein eigentlicher Kredit mit einer Kreditforderung, sondern eine Grundbucheintragung auf einen Gläubiger oder auf den Eigentümer der Immobilie auf eine bestimmte Höhe und einen bestimmten Rang als Sicherheit. Sollte dann ein Kredit benötigt werden, so kann er bis zu dieser Höhe aufgenommen, wieder getilgt, ein geringerer Betrag aufgenommen werden etc.. Daher ist eine Grundschuld als eine Art „Überziehungskreditmöglichkeit" auf eine Immobilie, ohne persönliche Haftung des Immobilieneigners, zu bewerten. Die Grundschuld besteht bis zur Löschung im Grundbuch fort, selbst wenn kein Kredit existiert.
Für Anlagevermögen, das eine lang- bis mittelfristige Nutzungsdauer hat, bieten sich die Möglichkeiten der Sicherungsübereignung und des Darlehens allgemein, sowie als Sonderform der Finanzierung das Leasing an. Bei der ***Sicherungsübereignung*** wird das *Eigentum* an einer Sache so lange auf den Kreditgeber übertragen, bis der Kredit zurück gezahlt ist, der Schuldner verbleibt aber im *Besitz* des Vermögensteiles, um es weiterhin zu nutzen (Beispiel: Fahrzeugschein für Firmenwagen).
Bei geplanten Neuinvestitionen (z. B. für neue technische Anlagen) ist es allgemein möglich, ein ***Darlehen*** aufzunehmen, das längerfristig (z. B. 10 Jahre) auf eine bestimmte Summe mit einer bestimmten Zinsbindung und Laufzeit vereinbart wird. Durch Raten- oder Annuitätentilgung verteilt sich die finanzielle Belastung auf mehrere Jahre. Der Darlehensgeber verlangt zumeist Kreditsicherheiten.
Das ***Leasing*** als Sonderform der Finanzierung bedeutet das Mieten von Vermögensteilen gegen Zahlung der Leasing-Rate, ohne Eigentumserwerb an der Sache, deshalb sind keine Kreditsicherheiten notwendig. Hier entfällt die eigentliche Investition

und eine schnellere Anpassung an den technischen Fortschritt ist möglich, allerdings wächst auch kein Eigentum zu und es gibt hohe Fixkosten. Bei vielen Leasing-Verträgen gibt es eine Kaufoption nach einer bestimmten Laufzeit.

Kurzfristige Kredite

Das *Umlaufvermögen* kann auf verschiedene Weise als Kreditsicherheit zur Überbrückung kurzfristiger Liquiditätsengpässe oder zur Sicherung der Liquidität überhaupt zur Verfügung stehen. Gewährt ein Lieferant beim Wareneinkauf die Möglichkeit der Zielzahlung, spricht man von einem ***Lieferantenkredit***. Sollte das Zahlungsziel so lange dauern, dass durch den Weiterverkauf der Waren bereits Umsatzerlöse eingehen, bevor die Eingangsrechnung beglichen wird, handelt es sich um eine Vorfinanzierung des Warengeschäfts durch den Lieferanten, der aufgrund seiner Umsatzvergrößerung und die Bindung an ihn dazu bereit ist. Lieferantenkredite sind oft vertraglich mit einem *Eigentumsvorbehalt* verbunden.

Umgekehrt kann beim Verkauf eine Anzahlung auf die ausstehende Forderung von Kunden verlangt werden, sodass ein ***Kundenkredit*** vorliegt. Beim Hausbau z. B. wird nach Baufortschritt in festgelegten Stufen gezahlt, damit die Baugesellschaft nicht durch Vorfinanzierung des Baumaterials etc. in finanzielle Bedrängnis gerät. Der Kundenkredit erhöht die Sicherheit, dass der Kunde die Ware oder die Leistung abnimmt und zahlt.

Den Zielverkauf an einen Kunden nennt man auch Kundenkredit, da dem Kunden durch den Zahlungsaufschub Kredit gewährt wird. Diese ausstehenden Forderungen können im Rahmen einer ***Zession*** als Sicherheit an einen Kreditgeber abgetreten werden, der die Zahlungsfähigkeit des Drittschuldners (des Kunden) prüft. Bei der *offenen Zession* erfährt der Kunde von der Abtretung und zahlt bei Ablauf des Zahlungsziels direkt an den Kreditgeber. Bei der *stillen Zession* erfolgt keine Benachrichtigung des Kunden, er zahlt an seinen Lieferanten, der dann entweder den Kredit zurück zahlt oder neue Forderungen an den Kreditgeber abtritt.

Umfassender als die Zession ist das ***Factoring***, bei dem alle ausstehenden Forderungen an Kunden an einen Factor verkauft werden. Der Factor bevorschusst die Forderungen und zahlt (nach einem hohen Abschlag) deren Wert an den Kreditnehmer aus. Für diesen Abschlag übernimmt der Factor das Ausfallrisiko (Delkrederefunktion) und meistens die gesamte Debitorenbuchhaltung und das Inkasso- und Mahnwesen.

Zum Umlaufvermögen zählende Vermögensteile wie Wertpapiere können als Kreditsicherheit für einen ***Lombardkredit*** dienen. Die Wertpapiere werden als Pfand in den *Besitz* des Kreditgebers übergeben, während das *Eigentum* beim Kreditnehmer verbleibt. Die Beleihungshöhe ist davon abhängig, wie wertbeständig und nachgefragt das Pfand ist.

Ein ***Diskontkredit*** bedeutet den Verkauf eines Besitzwechsels an eine Bank vor Fälligkeit. Vorher wurde bei einem Zielverkauf die ausstehende Buchforderung in eine Wechselforderung gewandelt, in dem der Kunde als Bezogener eine ihm vom Lieferant als Wechselaussteller übergebene Tratte akzeptiert hat. Dieses Akzept als Besitzwechsel bedeutet für den Lieferanten eine Absicherung der Forderung durch die Wechselstrenge und die Umsatzmöglichkeit trotz vorübergehender Zahlungsschwierigkeiten des Kunden. Der Lieferant kann den Besitzwechsel bis zum Verfalltag aufheben, ihn vor dem Verfalltag als Zahlungsmittel an eigene Gläubiger weiterreichen (indossieren) oder eben bei einer Bank diskontieren lassen. Die Bank zieht die Diskontzinsen von der Wechselsumme ab und schreibt dem Einreicher des Besitzwechsels den Barwert gut.

Ein Bankgirokonto kann für einen ***Kontokorrentkredit*** genutzt werden, in dem mit der Bank eine Überziehungsmöglichkeit bis zu einer bestimmten Kreditlinie vereinbart wird und so kurzfristige Schwankungen beim Kapitalbedarf ausgeglichen werden können. Die Kreditlinie sollte nur kurzfristig bei finanziellen Spitzenbelastungen überschritten werden, da dann der Zinssatz stark ansteigt

Bei der ***Bürgschaft*** tritt eine dritte Person als Bürge zur Kreditsicherung auf. Der Bürge schließt einen Bürgschaftsvertrag mit dem Kreditgeber. Nicht-Kaufleute müssen schriftliche Bürgschaftsverträge schließen. Sollte der Kreditnehmer am Fälligkeitstag nicht in der Lage sein, den Kredit zurück zu zahlen, besteht bei der *selbstschuldnerischen Bürgschaft* eine sofortige Zahlungsverpflichtung des Bürgen (bei Handelsgeschäften mit Kaufleuten grundsätzlich). Bei der *Ausfallbürgschaft* dagegen hat der Bürge die Einrede der Vorausklage, d. h. dass er erst nach fruchtloser Zwangsvollstreckung beim Kreditnehmer zahlen muss.

BAUSTEIN 15

GRUNDLAGEN DES WIRTSCHAFTENS

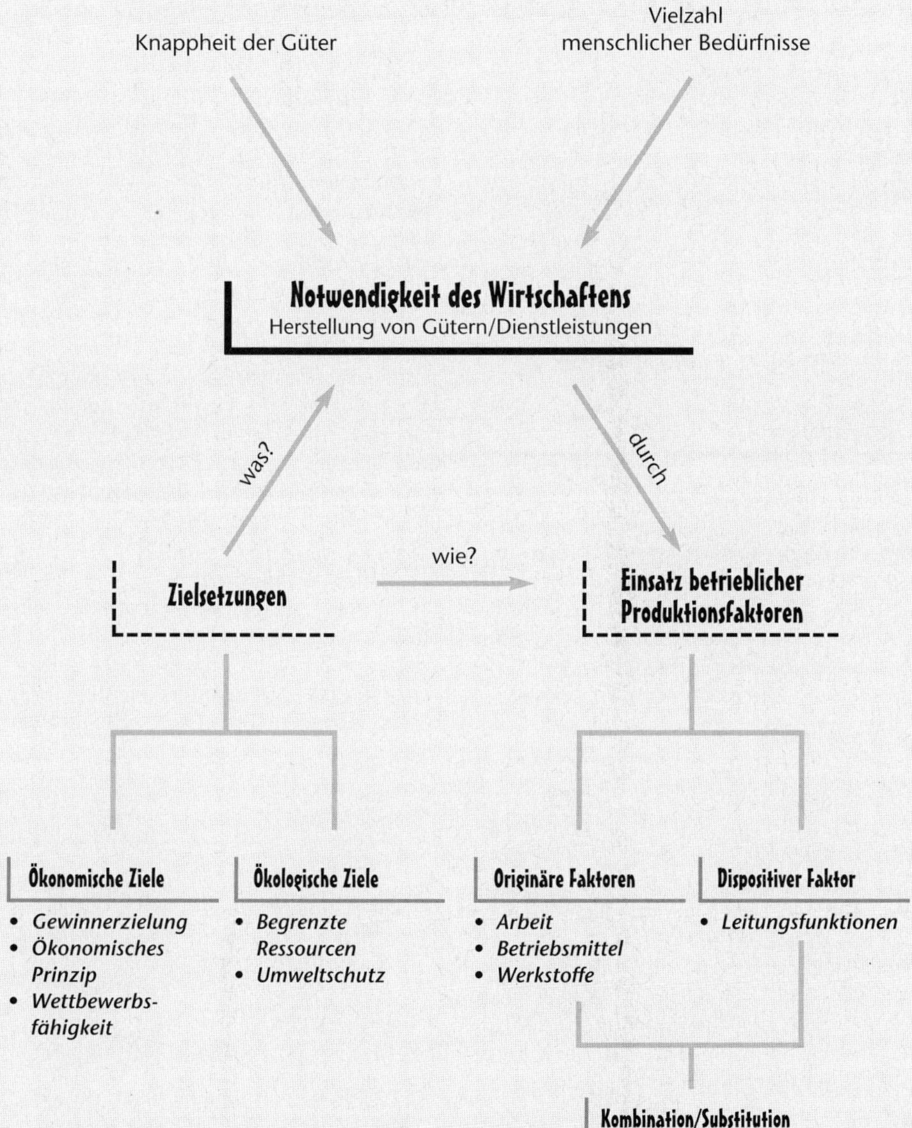

Notwendigkeit des Wirtschaftens

Obwohl das reichhaltige Angebot an Gütern und Dienstleistungen den Eindruck von Überfluss entstehen lässt, besteht seit jeher eine Diskrepanz zwischen
- der *Vielzahl menschlicher Bedürfnisse* (z. B. Nahrung, Kleidung, Wohnung) und
- der Knappheit der Güter/Dienstleistungen.

Aus diesem Spannungsverhältnis ergibt sich die Notwendigkeit des Wirtschaftens, d. h. mit planvollen Maßnahmen den Bedarf nach Gütern/Dienstleistungen so weit wie möglich zu decken. Der *Bedarf* richtet sich auf bestimmte Güter/Dienstleistungen, die am Markt befriedigt werden können.

Zielsetzungen

Die Unternehmen als rechtliche/wirtschaftlich-finanzielle Wirtschaftssubjekte haben die Funktion, Güter/Dienstleistungen zu produzieren und dem Markt zur Verfügung zu stellen. Die wirtschaftlichen Entscheidungen der Unternehmen richten sich dabei nach unterschiedlichen Zielsetzungen.

Ökonomische Ziele

- ***Gewinnerzielung***

Man unterscheidet zwischen dem erwerbswirtschaftlichen und dem gemeinwirtschaftlichen Prinzip. Vorrangiges Ziel der Unternehmen ist es, einen möglichst hohen Gewinn zu erzielen (*erwerbswirtschaftliches Prinzip*). Daneben gibt es Unternehmen (überwiegend öffentliche Unternehmen, z. B. öffentl. Verkehrsunternehmen), die zu kostendeckenden Preisen oder wenigstens mit möglichst geringem Verlust (*gemeinwirtschaftliches Prinzip*) die bestmögliche Versorgung der Allgemeinheit mit wichtigen Gütern/Dienstleistungen übernehmen.

- ***Ökonomisches Prinzip***

Um einen angestrebten Erfolg (z.B. Gewinnerzielung) zu erreichen, muss ratinonal bzw. wirtschaftlich gehandelt werden. Wirtschaftliches Handeln liegt immer dann vor, wenn das Ökonomische Prinzip zugrunde gelegt wird; dies gilt für Unternehmen ebenso wie für den Staat und die Haushalte. Es gibt zwei Formen des Ökonomischen Prinzips:

Maximalprinzip: Mit gegebenen Mitteln (z. B. Einnahmen) soll ein größtmöglicher Erfolg (z.B. Nutzen) erzielt werden. Beispiel: Ein Arbeitnehmer versucht, mit dem ihm zur Verfügung stehendem Einkommen möglichst viele seiner Bedürfnisse zu befriedigen.

Minimalprinzip: Ein bestimmter Erfolg soll mit geringstmöglichen Mitteln erreicht werden. Beispiel: Ein Unternehmen versucht, ein bestimmtes Produkt mit möglichst geringen Kosten zu produzieren.

- ***Wettbewerbsfähigkeit***

Das Erzielen von Gewinn bzw. das wirtschaftliche Handeln nach dem Ökonomischen Prinzip ist zur Erhaltung der Wettbewerbsfähigkeit (und damit der Arbeitsplätze) für die Unternehmen zwingend notwendig.

Ökologische Ziele

Neben den ökonomischen Zielsetzungen spielen ökologische Ziele bei der Erstellung/Verbrauch von Gütern/Dienstleistungen eine immer größere Rolle.

- ***Begrenzte Ressourcen***

Der Mensch bezieht seine Nahrungsmittel und Rohstoffe aus der Natur (Produktionsfaktor Boden); dazu zählen nicht nur die Erdoberfläche, sondern auch die zur Verfügung stehenden natürlichen Ressourcen (z.B. Bodenschätze). Diese sind knapp, d.h. unvermehrbar und an eine bestimmte Lage gebunden; deshalb muss schonend mit ihnen umgegangen werden.

- ***Umweltschutz***

Der Umweltschutz nimmt im Rahmen der zunehmenden Produktion von Gütern/Dienstleistungen einen immer höheren Stellenwert ein. Immer mehr Unternehmen/Bürger investieren in den Umweltschutz, um die natürlichen Lebensgrundlagen zu erhalten. Dazu zählen u. a. Verwertung von Sekundärrohstoffen (z. B. Recycling-Papier), Verwendung nachwachsender Rohstoffe (z. B. Flachs, Hanf), energiesparende Maßnahmen (z.B. Wärmedämmung), Sammeln von Abfall (Getrenntsammlung).
Die ökologischen Zielsetzungen sollen
- das Leben im Einklang mit der Natur
- die Schonung der Rohstoffreserven
- die Reduzierung

der Schadstoffbelastungen sicherstellen.

Einsatz betrieblicher Produktionsfaktoren

Um die gesetzten Ziele zu erreichen, müssen entsprechende *Produktionsfaktoren* eingesetzt bzw. miteinander kombiniert werden. Im betriebswirtschaftlichen Bereich zählen dazu die ausführende und dispositive Arbeit, die Betriebsmittel und die Werkstoffe.

Originäre Faktoren

Zu den ursprünglichen (originären) Produktionsfaktoren gehören
Arbeit (körperliche und/oder geistige Arbeit)
Betriebsmittel (z.B. Maschinen und maschinelle Anlagen, Werkzeuge)
Werkstoffe (Roh-, Hilfs- und Betriebsstoffe, fremdbezogene Teile).

Dispositiver Faktor

Als dispositiver Faktor wird die Kombination der Elementarfaktoren (Arbeitsleistung, Betriebsmittel, Werkstoffe) verstanden. Aufgabe der Geschäftsleitung ist es, diese Faktoren zu kombinieren, d. h. Leitungsfunktionen zu übernehmen.
Zu diesen ***Leitungsfunktionen*** zählen u. a.
- *Zielsetzung*: Festlegung der Unternehmensziele
- *Planung:* Vorausschauende Gestaltung des betrieblichen Geschehens (z. B. Auswerten von Statistiken)
- *Organisation*: Schaffung von Regelsystemen (z. B. Organisation von Arbeitsabläufen)
- *Kontrolle/Revision*: Überwachung des betrieblichen Geschehens (z. B. regelmäßige Budgetüberwachung).

Kombination/Substitution

Der Zweck des unternehmerischen Handelns, entsprechende Güter/Dienstleistungen zu erstellen, wird durch die Kombination der Produktionsfaktoren nach dem ökonomischen Prinzip erreicht; dabei ist die Produktionsmenge abhängig vom Faktoreinsatz.
Die betrieblichen Produktionsfaktoren sind in Grenzen austauschbar, das bedeutet, dass bei gleicher Produktionsmenge z. B. teure Produktionsfaktoren durch billigere ausgetauscht (substitutiert) werden können. Vom technischen Standpunkt aus gesehen gibt es zahlreiche Möglichkeiten, substitutionale Produktionsfaktoren (z.B. Roboter, CNC-gesteuerte Maschinen, Mikrolaser) einzusetzen bzw. zu kombinieren. Bei der wirtschaftlichen Betrachtung spielt allerdings die Frage, welche Kombinationsmöglichkeit die niedrigsten Kosten verursachen, eine zentrale Rolle. Es gibt aber auch z. B. Produktionsprozesse, bei denen die Produktionsfaktoren in einem technisch bindenden Ver-

hältnis zueinander eingesetzt werden müssen, um eine bestimmte Produktionsmenge zu ereichen.
Bei der Kombination der Produktionsfaktoren spielt neben dem technischen Fortschritt (z. B. Prozessinnovationen) auch immer stärker das *human capital* (z. B. Wissen, Kreativität) eine bedeutende Rolle.

BAUSTEIN 16
RECHTLICHE RAHMENBEDINGUNGEN

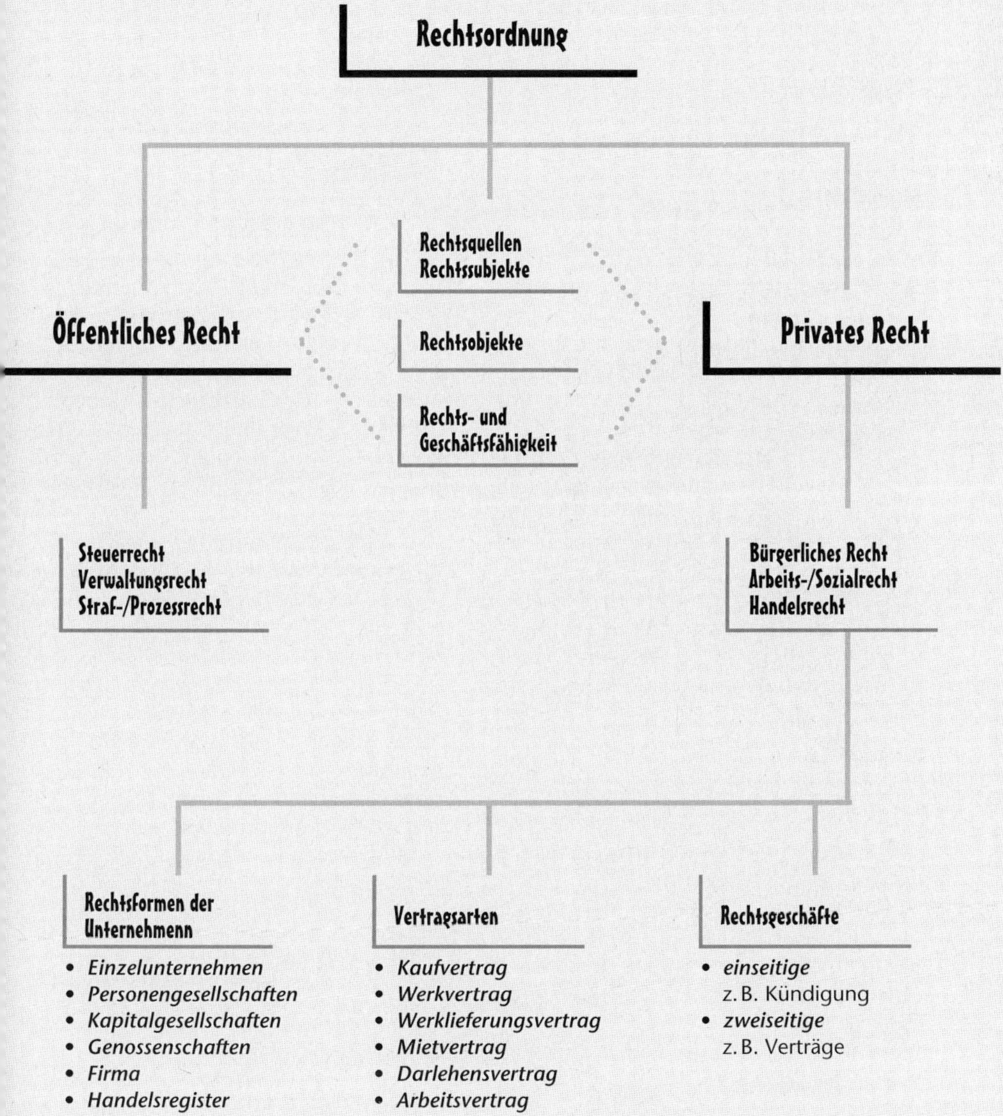

Rechtsordnung

Für ein geordnetes Zusammenleben in einer Gesellschaft ist das Vorhandensein einer *Rechtsordnung* (= alle in einem Staat geltenden *Rechtsnormen*) unerlässlich. Unter Rechtsnormen versteht man die Summe aller Rechtsvorschriften in einem Gemeinwesen.

Rechtsquellen

Sie sind die Grundlagen der geltenden Rechtsnormen und bestehen im Wesentlichen aus

- *Gesetze*, die in einem Gesetzgebungsverfahren von dem zuständigen Parlament beschlossen werden.
- *Verordnungen* (Rechtsverordnungen), die von den ausführenden Organen (Exekutive) aufgrund Ermächtigung auf der Basis von Gesetzen erlassen werden (z. B. Umsatzsteuergesetz – Umsatzsteuerdurchführungsverordnung).
- *Satzungen* (Statuten), die von Personen des öffentlichen/privaten Rechts im Rahmen ihrer Autonomie erlassen werden (z. B. Satzung der IHK, eines Vereins).

Rechtssubjekte

Darunter versteht man die handelnden Personen (natürliche und juristische Personen) innerhalb einer Rechtsordnung.

- *Natürliche Personen* sind alle Menschen.
- *Juristische Personen* sind Personenvereinigungen (z. B. Körperschaften, Vereine) oder Vermögensmassen (z. B. Stiftungen); sie werden eingeteilt in
  - juristische Personen des privaten Rechts
    Kapitalgesellschaften, z. B. AG, GmbH
    eingetragene Vereine, z. B. Musikverein
    privatrechtliche Stiftungen, z. B. Stiftung Warentest
  - juristische Personen des öffentlichen Rechts
    Körperschaften des öffentlichen Rechts, z. B. IHK
    Anstalten des öffentlichen Rechts, z. B. Stadtkrankenhaus

Rechtsobjekte

Darunter versteht man die Gegenstände (Sachen, Rechte) des Rechtsverkehrs. *Sachen* sind körperliche Gegenstände des Rechtsverkehrs; dabei unterscheidet man *bewegliche Sachen* (Mobilien = Konsum-/Investitionsgüter) und *unbewegliche Sachen* (Immobilien = Grundstücke, Gebäude). *Vertretbare Sachen* sind Gattungsware (bewegliche Sachen), die durch andere gleichwertige Gegenstände ersetzbar sind; *nicht vertretbare Sachen* sind Spezieware, die einmalig sind, z. B. Originalgemälde.

- *Rechte* sind immaterielle Dinge, z. B. das Recht, von einer anderen Person ein Tun oder Unterlassen zu verlangen, z. B. Mietforderung, Besitzrecht.
- *Eigentum* ist die rechtliche Verfügungsgewalt über eine Sache (§§ 903 ff BGB).
- *Besitz* ist die tatsächliche Verfügungsgewalt über eine Sache (§§ 854 ff BGB).

Eigentum und Besitz können zusammenfallen (z. B. vom Eigentümer bewohnte Wohnung) oder auseinanderfallen (z. B. vermietete Wohnung).

Rechts- und Geschäftsfähigkeit

Rechtsfähigkeit ist die Fähigkeit, Träger von Rechten und Pflichten zu sein. Sie beginnt bei natürlichen Personen mit der Vollendung der Geburt (§ 1 BGB) und endet mit dem Tod; bei juristischen Personen mit der Gründung (Eintragung in ein Register bzw.

durch gesetzliche Regelung) und endet mit der Auflösung bzw. Löschung.

Geschäftsfähigkeit bedeutet die Fähigkeit, Rechtsgeschäfte selbstständig und rechtswirksam abschließen zu können. Sie gliedert sich in 3 Stufen:

1. Geschäftsunfähigkeit
Geschäftsunfähig ist, wer nicht das 7. Lebensjahr vollendet hat und wer sich in einem Zustand dauernder Geistesgestörtheit befindet (§ 104 BGB); die Rechtsgeschäfte sind nichtig.

2. Beschränkte Geschäftsfähigkeit
Beschränkt geschäftsfähig sind Minderjährige vom vollendeten 7. Lebensjahr an bis zum vollendeten 18. Lebensjahr; die Rechtsgeschäfte sind schwebend unwirksam (Ausnahmen: volle Gültigkeit bei rechtlichen Vorteilen, im Rahmen des Taschengeldes und im Rahmen eines erlaubten Arbeitsverhältnisses).

3. Volle Geschäftsfähigkeit
Voll geschäftsfähig sind grundsätzlich alle volljährigen Personen; die Rechtsgeschäfte sind voll gültig.

Öffentliches Recht

Die Rechtsordnung eines Staates gliedert sich in die Bereiche *öffentliches Recht* und *privates Recht*.

Das öffentliche Recht regelt die rechtlichen Beziehungen des einzelnen zur Gesellschaft (Sozialinteresse) nach dem Grundsatz der Über- bzw. Unterordnung. Zum öffentlichen Recht gehören insbesondere das **Steuerrecht** (z. B. Steuergesetze, Abgabenordnung), das Staats- und **Verwaltungsrecht** (z. B. Grundgesetz, Verwaltungsgesetze), das **Straf-/Prozessrecht** (z. B. Strafgesetzbuch/Strafprozessordnung) und teilweise das Arbeitsrecht (z. B. Arbeitsförderungsgesetz). Öffentliches Recht ist grundsätzlich zwingendes Recht, d. h. es lässt sich nicht durch Absprachen verändern.

Privates Recht

Es regelt die rechtlichen Beziehungen der einzelnen untereinander (Individualinteresse) nach dem Grundsatz der Gleichordnung. Zum privaten Recht gehören insbesondere das **Bürgerliche Recht** (Bürgerliches Gesetzbuch), das **Handelsrecht** (z. B. HGB), das Gesellschaftsrecht (z. B. Aktiengesetz) und teilweise das **Arbeits- und Sozialrecht** (z. B. Kündigungsschutzgesetz/gesetzliche Sozialversicherung). Das private Recht ist grundsätzlich nachgiebiges Recht, d. h. es lässt sich durch Absprachen zwischen den Parteien verändern.

Rechtsformen der Unternehmen

- ***Einzelunternehmen***

Das Unternehmen wird von einer einzelnen Person geführt; die Firma enthält den Familiennamen und mindestens einen ausgeschriebenen Vornamen (§ 18 HGB). Der Einzelunternehmer haftet unbeschränkt, d. h. mit dem gesamten Vermögen, leitet das Unternehmen und trägt allein das Geschäftsrisiko; der erwirtschaftete Gewinn gehört ihm, einen Verlust muss er ausgleichen.

- ***Personengesellschaften***

Eine *Personengesellschaft* liegt vor, wenn sich mehrere Personen zu einer Gesellschaft zusammengeschlossen haben, bei der die Mitgliedschaft auf die Person und die einzelnen Gesellschafter zugeschnitten ist.
Merkmale:
- Persönliche Haftung der Gesellschafter für die Schulden
- Persönliche Mitarbeit
- Übertragbarkeit/Vererbbarkeit grundsätzlich nur mit Zustimmung der anderen

Formen:
- Offene Handelsgesellschaft (OHG – §§ 105–160 HGB)
  Eine OHG liegt vor, wenn zwei oder mehrere Personen ein Handelsgewerbe unter einer gemeinsamen Firma betreiben und jeder Gesellschafter unbeschränkt gegenüber den Gläubigern der OHG haftet.
- *Kommanditgesellschaft* (KG – §§ 161–177 HGB)
  In der KG haftet der Komplementär (persönlich haftender Gesellschafter) unbeschränkt, während die Kommanditisten beschränkt (nur in der Höhe ihrer Einlagen) haften; dafür sind sie nicht an der Geschäftsführung beteiligt.
- *Stille Gesellschaft* (§§ 230–236 HGB)
  Bei der stillen Gesellschaft beteiligt sich ein Geldgeber mit seiner Einlage am Gewinn, ohne nach außen in Erscheinung zu treten.

- ***Kapitalgesellschaften***

Bei der *Kapitalgesellschaft* ist die Mitgliedschaft auf die reine Kapitalbeteiligung und nicht auf die persönliche Mitarbeit der Gesellschafter zugeschnitten. Rechtlich handelt es sich bei Kapitalgesellschaften um Körperschaften des privaten Rechts, also um juristische Personen. Dazu gehören die *Aktiengesellschaft (AG)*, die *Gesellschaft mit beschränkter Haftung (GmbH)* und die *Kommanditgesellschaft auf Aktien (KGaA)*.
Merkmale:
- Alle Gesellschaften haften nur mit ihrer Einlage (Ausnahme: bei der KGaA)
- Bei der AG und GmbH ist ein Mindestkapital erforderlich
- Die Kapitalanteile sind leicht erwerbbar und veräußerlich
- Die Unternehmensleitung wird einem Organ (z. B. Vorstand) übertragen
- Die Gewinnverteilung wird von der Haupt-/Gesellschafterversammlung beschlossen.

- ***Genossenschaften***

Die Genossenschaft ist ein im Genossenschaftsregister eingetragene Sachfirma mit dem Zusatz eG (§ 3 GenG); zur Gründung sind mindestens sieben Gründer erforderlich. Zweck: Förderung des Erwerbs oder der Wirtschaft der Mitglieder (Genossen) mittels gemeinschaftlichen Geschäftsbetriebs (z. B. Einkaufsgenossenschaft). Die Haftung der Genossen ist auf eine Haftsumme (lt. Satzung) begrenzt, die nicht kleiner als ein Geschäftsanteil sein darf; grundsätzlich haftet gegenüber den Gläubigern nur das Vermögen der Genossenschaft.

- ***Firma***

Der Begriff und die Bezeichnung sind im HGB §§ 17 ff geregelt; darin heißt es u.a .: Die Firma eines Kaufmanns ist der Name, unter dem er seine Geschäfte betreibt und die Unterschrift abgibt (§ 17 Abs. 1 HGB). Ein Kaufmann kann unter seiner Firma klagen und verklagt werden (§ 17 Abs. 2 HGB). Bei der Auswahl der Firma gibt es einige *Firmengrundsätze* zu beachten:
- *Firmenwahrheit*
  Der Name der Firma muss den realen Gegebenheiten entsprechen, d. h. die Firma darf keine Angaben enthalten, die irreführend sein können.
- *Firmenausschließlichkeit*
  Die Firma muss sich eindeutig von allen am selben Ort im Handelsregister eingetragenen Firmen unterscheiden.

- *Firmenbeständigkeit*
  Bei Erwerb bzw. Inhaberwechsel kann die bisherige Firma – mit Einwilligung des bisherigen Inhabers oder dessen Erben – mit oder ohne Zusatz weitergeführt werden.

- ***Handelsregister***

Das Handelsregister ist das öffentliche Verzeichnis aller Kaufleute in einem Amtsgerichtsbezirk. Jeder Kaufmann ist verpflichtet, seine Firma, den Ort seiner Handelsvertretung bei dem Gericht, in dessen Bezirk sich die Niederlassung befindet, zur Eintragung ins Handelsregister anzumelden (§ 29 HGB). In *Abteilung A* werden alle Einzelunternehmen und Personengesellschaften, in *Abteilung B* alle Kapitalgesellschaften eingetragen. Einzutragen sind die Firma, der Geschäftsssitz, der Gegenstand der Unternehmung, Inhaber bzw. Gesellschafter, das gezeichnete Kapital, Geschäftsführer bzw. Vorstand und Prokuristen.
Die Eintragungen sind entweder konstitutiv (rechtserzeugend = eine Rechtswirkung entsteht erst durch die Eintragung) oder deklaratorisch (rechtsbezeugend = Rechtswirkung schon vor der Eintragung, z.B. Prokura) und besitzen weitgehend guten Glauben (d.h. eingetragene und bekannt gemachte Tatsachen muss jeder gegen sich gelten lassen). Darüber hinaus ist es jedem gestattet, Einsicht in das Handelsregister zu nehmen und Abschriften zu erhalten (§ 9 HGB).

Vertragsarten

- ***Kaufvertrag***

Übereignung von Sachen und Rechte gegen Entgelt (§§ 433 ff BGB). Durch den Kaufvertrag wird der Verkäufer verpflichtet, dem Käufer die Sache zu übergeben und das Eigentum an der Sache zu verschaffen. Der Käufer ist verpflichtet, den vereinbarten Kaufpreis zu zahlen und die gekaufte Sache abzunehmen.

- ***Werkvertrag***

Verpflichtung zur Ausführung einer Arbeit an einer fremden Sache gegen Entgelt, z.B. eine Reparatur (§§ 631 ff BGB). Durch den Werkvertrag wird der Unternehmer zur Herstellung eines versprochenen Werkes, der Besteller zur Entrichtung der vereinbarten Vergütung verpflichtet.

- ***Werklieferungsvertrag***

Neben seiner Arbeit liefert der Unternehmer auch das Material zur Herstellung einer Sache (§ 651 BGB). Durch den Werklieferungsvertrag verpflichtet sich der Unternehmer, die Sache aus einem von ihm zu beschaffenden Stoff herzustellen; die Vorschriften des Kaufvertrages gelten entsprechend.

- ***Mietvertrag***

Überlassung von Sachen zum Gebrauch gegen Entgelt (§§ 535 ff BGB). Durch den Mietvertrag wird der Vermieter verpflichtet, dem Mieter den Gebrauch der vermieteten Sache während der Mietzeit zu gewähren; der Mieter verpflichtet sich, den vereinbarten Mietzins zu zahlen.

- ***Darlehensvertrag***

Unentgeltliche Überlassung von Geld oder vertretbaren Sachen gegen spätere Rückgabe in gleicher Art, Güte und Menge (§§ 607 ff BGB).

- ***Arbeitsvertrag***

Verpflichtung eines Arbeitnehmers gegenüber einem Arbeitgeber gegen Entgelt eine Arbeitsleistung zu erbringen (§§ 611 ff BGB).

Rechtsgeschäfte

Rechtsgeschäfte sind eine oder mehrere Willenserklärungen, die ein Rechtsverhältnis nach sich ziehen.
Die Rechtsgeschäfte werden unterteilt in

- ***einseitige Rechtsgeschäfte (Willenserklärung einer Person)***
  - nicht empfangsbedürftig (z.B. Testament)
  - empfangsbedürftig (z. B. Kündigung).

- ***zweiseitige Rechtsgeschäfte (übereinstimmende Willenserklärungen von mindestens zwei Personen)***
  - Verpflichtungsgeschäfte (Verträge)
  - einseitig verpflichtende Verträge (z. B. Bürgschaftsvertrag)
  - mehrseitig verpflichtende Verträge (z. B. Kauf, Miete)
  - Erfüllungsgeschäfte (Verfügungsgeschäfte)
  - Lieferung und Eigentumsübertragung (Einigung und Übergabe)

ARBEITSRECHT/MITWIRKUNG DER ARBEITNEHMER

Arbeitsrecht

Vertragsrecht

Individualarbeitsrecht

- *Einzelarbeitsvertrag*
- *Berufsausbildungs-vertrag*

Kollktivarbeitsrecht

- *Tarifvertrag*
- *Betriebsvereinbarung*

Arbeitsschutzrecht

Arbeitsschutzgesetze
Verordnungen

Sozialrecht

Gesetzliche
Sozialversicherung

Mitbestimmungsrecht

Betriebliche
Mitbestimmung

- *Betriebsrat*

Unternehmens-mitbestimmung

- *Aufsichtsrat*

Auswirkungen auf die Aufgaben des

Personalwesens

Personalbetreuung

Personalplanung
Personalbeschaffung
Personalführung
Personalbeurteilung
Personalentwicklung
Personalabbau

Entgeltabrechnung

Bruttoentgelt
Nettoberechnung

- *Steuern*
- *Sozialversicherung*
- *Vermögenswirksame Leistungen*

Arbeitsrecht

Das *Arbeitsrecht* ist das Sonderrecht der abhängig Beschäftigten, das das Vertragsrecht, das Arbeitsschutzrecht, das Sozialrecht und das Mitbestimmungsrecht regelt.

Vertragsrecht

Im Vertragsrecht unterscheidet man das Individualarbeitsrecht und das Kollektivarbeitsrecht.

Individualarbeitsrecht

Es regelt das Verhältnis des einzelnen Arbeitnehmers zum Arbeitgeber (Einzelarbeitsvertrag/Berufsausbildungsvertrag).
Der ***Einzelarbeitsvertrag*** enthält alle Rechte und Pflichten der beiden Vertragspartner, u. a. Vereinbarungen über die zu erbringende Arbeitsleistung, Entgelthöhe, Arbeitszeit. Gesetzliche Bestimmungen (z. B. Kündigungsschutz), tarifvertragliche Regelungen und Bestimmungen aus Betriebsvereinbarungen dürfen in Einzelarbeitsverträgen nur zugunsten des Arbeitnehmers verändert werden (Begünstigungsprinzip).
Zu den Pflichten des Arbeitnehmers (= Rechte des Arbeitgebers) zählen:

- persönliche Erbringung der Arbeitsleistung
- Weisungen befolgen
- Verpflichtung zur Verschwiegenheit
- Pflicht zur Unterlassung von Wettbewerb

Zu den Pflichten des Arbeitgebers (= Rechte des Arbeitnehmers) zählen:

- pünktliche Zahlung des Entgelts
- Fürsorgepflicht (u. a. Schutz vor gesundheitlichen Schäden)
- Gewährung von Urlaub
- Zeugnispflicht (einfaches Zeugnis = Art und Dauer der Beschäftigung; qualifiziertes Zeugnis = zusätzliche Angaben über Führungs- und Leistungsverhalten)

Der ***Berufsausbildungsvertrag*** (Zweck- und Zeitvertrag) regelt die Rechtsbeziehungen zwischen dem Ausbildenden (Unternehmen) und dem Auszubildenden (und evtl. seinen gesetzlichen Vertretern). Für das Berufsausbildungsverhältnis gelten u. a.

- das Berufsbildungsgesetz (u. a. Rechte und Pflichten, Ordnung der Berufsausbildung, Prüfungswesen)
- die Ausbildungsordnungen (z. B. Verordnung über die Berufsausbildung zum Kaufmann/Kauffrau im Groß- und Außenhandel)
- die Ausbildereignungsverordnung (Nachweis der Eignung in fachlicher und persönlicher Hinsicht)
- das Jugendarbeitsschutzgesetz (gesundheitliche Fürsorge)
- die Bestimmungen für den Arbeitsvertrag (tarifliche Regelungen, Inhalte von Betriebsvereinbarungen)

Die Berufsausbildung wird von den zuständigen Stellen (z. B. Industrie- und Handelskammer) überwacht, wo auch der Berufsausbildungsvertrag (BAV) eingetragen wird. Der Vertrag muss Angaben enthalten u. a. über Beginn und Dauer der Ausbildung, Dauer der Probezeit, Ausbildungsvergütung, Urlaubsdauer, tägliche Arbeitzeit; er enthält ebenso die Rechte und Pflichten der Vertragspartner gemäß Berufsbildungsgesetz (BBiG).
Zu den *Pflichten* des Ausbildenden (§ 6 BBiG, § 3 BAV) zählen u. a.

- den Auszubildenden charakterlich zu fördern sowie dafür zu sorgen, dass dieser nicht sittlich und körperlich gefährdet wird (Erziehungspflicht)
- den Auszubildenden zum Besuch der Berufsschule anzumelden, anzuhalten und freizustellen.

Zu den *Pflichten* des Auszubildenden (§ 9 BBiG, § 4 BAV) gehören u. a.

- Teilnahme an der Zwischenprüfung, um zur Abschlussprüfung zugelassen zu werden
- Einhaltung der für die Ausbildungsstätte geltenden Ordnung (Betriebsordnung)
- Stillschweigen über Betriebs- und Geschäftsgeheimnisse.

Die Ausbildung endet entweder mit dem Tag, an dem der Asuzubildende seine Abschluss-prüfung bestanden hat (Zweckerfüllung) oder mit dem vertraglich festgelegtem Datum, wenn der Auszubildende keine Abschlussprüfung ablegt oder der Auszubildende nach nicht bestandener Prüfung keinen Antrag auf Verlängerung stellt oder der Prüfungstermin außerhalb der Vertragszeit liegt. Der Ausbildende hat lt. BBiG (§8) dem Auszubildenden ein einfaches Zeugnis oder auf Verlangen (des Auszubildenden) ein qualifiziertes Zeugnis (An-gaben über Führung, Leistung und besondere fachliche Fähigkeiten) auszustellen.

Kollektivarbeitsrecht

Es regelt die Beziehungen zwischen Arbeitgebern oder deren Vertretungen und Interessenvertretungen der Arbeitnehmer (Gewerkschaften/Betriebsräte); dazu zählen Tarifverträge und Betriebsvereinbarungen.

Der ***Tarifvertrag*** ist ein Kollektivvertrag zwischen den Tarifparteien (z. B. Gewerkschaften und Arbeitgeberverbände), in dem die Arbeitsbedingungen (Manteltarifvertrag – z. B. Regelungen über Arbeitszeit, Mehrarbeit, Überstundenvergütung, Altersteilzeit, Urlaub) und die Lohn- und Gehaltstarife/Ausbildungsvergütungen (Lohn- und Gehaltstarifvertrag) für alle unter seinen Geltungsbereich fallenden Personen in freier Vereinbarung (Tarifautonomie) einheitlich festgelegt werden.

Ablauf einer Tarifverhandlung ohne Einigung:

- Fristgerechte Kündigung des Tarifvertrages
- Aufnahme der Tarifverhandlungen
- Scheitern der Tarifverhandlungen (Einseitige Erklärung einer Partei)
- Urabstimmung über Arbeitskampfmaßnahmen (mit anschließendem Streik/Aussperrung)
- Neue Verhandlungen während der Arbeitskampfmaßnahmen
- Ergebnis und Abstimmung über das Ergebnis der neuen Verhandlungsrunde.

Die ***Betriebsvereinbarung*** ist ebenfalls ein Kollektivvertrag, der zwischen Arbeitgeber und Betriebsrat abgeschlossen wird, um die betriebliche Ordnung und die Rechtsverhältnisse des Arbeitgebers zu den Arbeitnehmern zu gestalten, z. B. Beginn/Ende der täglichen Arbeitszeit (Gleitzeitordnung), Pausenregelung, betriebliche Altersversorgung, Aufstellung eines Urlaubsplanes, Verhalten der Arbeitnehmer im Unternehmen (z. B. Rauchen).

Für Rechtsstreitigkeiten, die sich zwischen Arbeitnehmern oder deren Vertretungen einerseits und Arbeitgebern sowie deren Vertretungen andererseits ergeben, sind in erster Instanz die Arbeitsgerichte zuständig.

Arbeitsschutzrecht

Das *Arbeitsschutzrecht* regelt den Schutz aller Arbeitnehmer vor ungerechtfertigten Maßnahmen des Arbeitgebers, insbesondere den Schutz der Gesundheit und Sicherheit der Arbeitnehmer. Dazu gehören u. a. folgende ***Arbeitsschutzgesetze*** und ***Verordnungen***:

- *Kündigungsschutzgesetz / Kündigungsfristengesetz*
  Arbeitnehmern darf nur gekündigt werden, wenn diese sozial gerechtfertigt ist; die Kündigung muss unter Einhaltung gesetzlich festgelegter Kündigungsfristen erfolgen; ohne vorherige Anhörung des Betriebsrates ist eine ausgesprochene Kündigung nichtig.
- *Arbeitszeitgesetz*
  Regelt u. a. die regelmäßige tägliche Ar-

beitszeit (höchstens 8 Stunden), die verlängerte tägliche Arbeitszeit (höchstens 10 Stunden) sowie die Dauer der Ruhepausen/-zeiten für alle volljährigen Arbeitnehmer.

- *Bundesurlaubsgesetz*
  Jeder Arbeitnehmer hat in jedem Kalenderjahr Anspruch auf bezahlten Erholungsurlaub.
- *Jugendarbeitsschutzgesetz*
  Die Vorschriften des Gesetzes beziehen sich im Wesentlichen auf die gesundheitliche Fürsorge für Heranwachsende, z. B. Begrenzung der tägliche Arbeitszeit, Pausenregelung, ärztliche Untersuchungen, Beschäftigungsverbote, Urlaubsanspruch.
- *Mutterschutzgesetz*
  Besonderer Schutz von Schwangeren und Müttern nach der Entbindung, insbesondere im Hinblick auf Kündigungsschutz, Schutzfristen, Gesundheitsschutz und Erziehungsurlaub.
- *Arbeitsschutzgesetz*
  Regelungen zum Schutz der Sicherheit und Gesundheit der Mitarbeiter im Unternehmen; dazu zählen u. a.
  - Arbeitstättenverordnung (z. B. Raumtemperaturen, Beleuchtung, Schutz gegen Lärm)
  - Bildschirmarbeitsverordnung (z. B. ergonomische Anforderungen, Untersuchung der Augen und des Sehvermögens)
  - Arbeitsmittelbenutzungsverordnung/ Verordnung über Arbeitsstoffe (Sicherheits- und Gesundheitsvorschriften bei der Benutzung von Arbeitsmitteln und Arbeitsstoffen)
  - Unfallverhütungsvorschriften der Berufsgenossenschaften (z. B. Fluchtwegkennzeichnungen, Verhalten bei Unfällen und Brand).

Zuständige Stellen zur Hilfe bei der Umsetzung und Überwachung des Arbeitsschutzes sind die Gewerbeaufsichtsbehörden (Amt für Arbeitsschutz/Amt für Umweltschutz), der Technische Überwachungsverein (TÜV) und die Berufsgenossenschaften; Sicherheitsbeauftragte in Unternehmen mit mehr als 20 Arbeitnehmer überwachen die Einhaltung der Sicherheits- und Unfallverhütungsvorschriften.

Sozialrecht

Das *Sozialrecht* (geregt im Sozialgesetzbuch – SGB) soll u. a. Schutz vor den finanziellen Lasten bei Krankheit, Alter bzw. Berufs- und Erwerbsfähigkeit, Pflege, berufsbedingter Unfall sowie Arbeitslosigkeit bieten.

Gesetzliche Sozialversicherung

Die gesetzliche *Sozialversicherung* (Pflichtversicherung) umfasst die Bereiche Kranken-, Pflege-, Renten-, Arbeitslosen- und Unfallversicherung. Versicherungsträger sind:

- *Krankenversicherung*
  Allgemeine Ortskrankenkasse oder Ersatzkassen (z.B. DAK, BEK, TK u.a.); Leistungsfälle: z. B. Vorsorgeuntersuchungen, ambulante Arztbehandlung, Krankenhauspflege, Mutterschaftshilfe
- *Pflegeversicherung*
  Unter dem Dach der Krankenversicherung; Leistungsfälle: Übernahme bzw. Zuschuss zu Kosten für ambulante und stationäre Pflege
- *Rentenversicherung*
  Bundesversicherungsanstalt für Angestellte in Berlin; bei Arbeitern die jeweilige Landesversicherungsanstalt; Leistungsfälle: z.B. Altersruhegeld, Heilbehandlung (Kur), berufliche Rehabilitation
- *Arbeitslosenversicherung*
  Bundesanstalt für Arbeit in Nürnberg; Leistungsfälle: z. B. Berufsberatung, Arbeitsvermittlung, Arbeitslosengeld/-hilfe, Finanzierung von Umschulungsmaßnahmen
- *Unfallversicherung*
  Berufsgenossenschaft, die für das jeweili-

ge Unternehmen zuständig ist; Leistungsfälle: Unfallverhütung (Vorschriften), Heilbehandlung nach einem Arbeitsunfall/Berufskrankheit, Umschulung auf einen anderen Beruf (Arbeitsunfall/Berufskrankheit).

Die Beiträge werden prozentual vom Bruttomonatseinkommen bis zur Höhe der jeweils geltenden Beitragsbemessungsgrenze berechnet.

Mitbestimmungsrecht

Das *Mitbestimmungsrecht* (Beteiligung der Arbeitnehmer an betrieblichen Entscheidungen) ist im

- Betriebsverfassungsgesetz (1972)
- Montanmitbestimmungsgesetz (1951)
- Mitbestimungsgesetz (1976)

geregelt.

Betriebliche Mitbestimmung

Der ***Betriebsrat*** hat nach dem Betriebsverfassungesgesetz (BetrVG) ein Mitbestimmungsrecht (betriebliche Maßnahmen werden erst mit Zustimmung des Betriebsrates wirksam) in

- *sozialen Angelegenheiten*, wie Regelung von Arbeitszeit und Pausen, Zeit und Ort der Auszahlung der Arbeitsentgelte, Urlaubsplanung, Berufsausbildung, Betriebsordnung, Aufstellung von Entlohnungsgrundsätzen u. a.
- *personellen Angelegenheiten*, wie Einstellung, Umgruppierung, Versetzung und Entlassung von Betriebsangehörigen, Beurteilungsgrundsätzen, Personalfragebogen.
- *wirtschaftlichen Angelegenheiten*; hier besteht keine echte Mitbestimmung, jedoch müssen geplante Betriebsänderungen, wie Einschränkung oder Stilllegung des Betriebes, Verlegung an einen anderen Ort, Einführung grundlegend neuer Arbeitsmethoden dem Betriebsrat mitgeteilt und mit ihm beraten werden.

Unternehmensmitbestimmung

Mitbestimmungsregelung im ***Aufsichtsrat***:

- *Montanmitbestimmungsgesetz*
  Geltungsbereich: für alle Unternehmen des Bergbaus und der eisen- und stahlerzeugenden Industrie; Zusammensetzung: 50 % Kapitalgeber (volle Parität), 50 % Arbeitnehmer; bei Stimmengleichheit entscheidet neutrales Mitglied.
- *Betriebsverfassungsgesetz*
  Geltungsbereich: alle Kapitalgesellschaften und Genossenschaften bis zu 2 000 Arbeitnehmern außerhalb der Montanmitbestimmung; Zusammensetzung: 2/3 Kapitalgeber (Drittelparität), 1/3 Arbeitnehmer.
- *Mitbestimmungsgesetz*
  Geltungsbereich: alle Kapitalgesellschaften und Genossenschaften über 2 000 Arbeitnehmern außerhalb der Montanmitbestimmung; Zusammensetzung: 50 % Kapitalgeber (eingeschränkte Parität), 50 % Arbeitnehmer; bei Stimmengleichheit entscheidet der Aufsichtsratsvorsitzende (immer Kapitalgeber – zwei Stimmen).

Personalwesen

Zu den Aufgaben des Personalwesens gehören u. a. die *Personalbetreuung* und die *Entgeltabrechnung*.

Personalbetreuung

Zu den Aufgaben der Personalbetreuung gehören:
- Personalplanung
- Personalbeschaffung
- Personalführung
- Personalbeurteilung
- Personalentwicklung
- Personalabbau

Personalplanung

Die *Personalplanung* hat die Aufgabe, die für einen bestimmten Zeitraum erforderlichen Mitarbeiter nach Anzahl und Qualtität zu ermitteln und ihren optimalen Einsatz vorausschauend festzulegen.
Die *quantitative Personalplanung* ermittelt, wie viel Personen benötigt werden; Bestimmungsfaktoren sind u. a. Abgänge von Mitarbeitern (Fluktuation), Verkürzung von Arbeitszeiten, Kapazitätserweiterung, Rationalisierungsmaßnahmen.
Die *qualitative Personalplanung* sorgt dafür, dass die Anforderungsstruktur des Arbeitsplatzes dem Persönlichkeitsprofil des Arbeitnehmers entspricht. Die Bestimmungsfaktoren leiten sich aus dem technischen Fortschritt und/oder strukturellen Änderungen ab. Grundlage für die qualitative Personalplanung sind die Stellenpläne und die Stellenbeschreibungen. Der *Stellenplan* legt die Zahl und die Bezeichnung der Arbeitsplätze fest; die *Stellenbeschreibung* enthält u. a. die Stellenbezeichnung, die genaue Aufgabenbeschreibung, die Position in der Betriebshierarchie (Unter- und Überstellung), die Anforderungen an den Stelleninhaber.

Personalbeschaffung

Die *Personalbeschaffung* baut auf der Personalbedarfsplanung auf, die von der Personalplanung erstellt worden ist. Sie beginnt mit der Personalanforderung in der Personalabteilung. Die Stelle kann *intern* oder *extern* oder durch *Personalleasing* besetzt werden. Gemäß § 93 BertVG kann der Betriebsrat eine interne Ausschreibung der Stelle verlangen.
- *Interne Stellenbeschaffung:*
  Vorteile: Qualifikation ist bekannt; schnelle Einarbeitung, Motivation durch Aufstieg
  Nachteile: Ablehnung = Misserfolgserlebnis, Beeinträchtigung des Betriebsklimas
- *Externe Personalbeschaffung:*
  Stellenanzeigen, Personalberater, Arbeitsamt oder private Arbeitsvermittlung
- *Personalleasing:*
  Eine Verleihfirma (Leihbetrieb) überlässt einem Auftraggeber (Entleiher) gegen Entgelt Leih- oder Zeitarbeitnehmer; Arbeitgeber ist die Verleihfirma. Für den Entleiher stellen die Personalkosten variable Kosten dar.

Die Personalauswahl soll die/den richtige/n Arbeitnehmer/in an den richtigen Arbeitsplatz bringen: Bewerbung – Eignungstest – Vorstellungsgespräch. Zur Führungskräfteauswahl werden in größeren Unternehmen Assessment-Center genutzt; das Verhalten mehrerer Teilnehmer wird in simulierten Situationen von erfahrenen Führungskräften und Psychologen beobachtet, bewertet und beurteilt. In Unternehmen mit mehr als 1 000 Arbeitnehmern sind gemäß § 95 Betriebsverfassungsgesetz Auswahlrichtlinien aufzustellen.

Personalführung

Personalführung ist die gezielte Einflussnahme auf das Verhalten und Handeln einzelner Mitarbeiter und Gruppen zur Verwirklichung der Unternehmensziele. Die Aufgaben der Führung besteht darin, andere Menschen zu einem bestimmten Verhalten zu veranlassen.

Der *Führungsstil* beschreibt die Art und Weise, in der Mitarbeiter in den Entscheidungsprozess einbezogen werden; man unterscheidet den

- *autoritären Führungsstil*
  Die Führungskraft trifft Entscheidungen ohne Mitwirkung der Mitarbeiter; es wird völlige Unterordnung erwartet
- *kooperativer Führungsstil*
  Die Führungskraft bezieht die Mitarbeiter durch Informations- und Mitspracherecht sowie durch Aufgabendelegation in den Entscheidungsprozess mit ein
- *Führungsstil des „Laissez-faire"*
  Die Führungskraft zeigt eine große Nachgiebigkeit und Gleichgültigkeit; sie lässt die Dinge „laufen" (laissez-faire = lasst sie nur machen)

In der betrieblichen Realität kommen diese Führungsstile in ausgeprägter Form nur im Ausnahmefall getrennt vor. In der Regel wird das jeweilige Führungsverhalten der Situation (flexibel) angepasst = situativer Führungsstil und ist mehr oder weniger durch Merkmale verschiedener Führungsstile gekennzeichnet.

Führungsprinzipien die auf dem kooperativen Führungsstil beruhen, sind

- *Management by Exception* (Führen durch Ausnahmeentscheidungen)
  Hier findet eine verstärkte Delegation von Entscheidungen auf die unteren Ebenen statt; der Vorgesetzte wird von Ausführungsaufgaben entlastet. Es werden klare Ziele, Aufgaben und Kompetenzen übertragen; der Vorgesetzte entscheidet nur noch in Ausnahmesituationen, die außerhalb des vorgegebenen Ermessensspielraums liegen.
- *Management by Objectives* (Führung durch Zielvereinbarung)
  Jeder Vorgesetzte einigt sich mit seinen Mitarbeitern auf klare Zielvorgaben; das Handeln der Mitarbeiter wird an diesen Zielen gemessen (Soll-Ist-Vergleich). Dieses System verlangt kreative eigenverantwortliche Mitarbeiter.
- *Management by Delegation* (Führung durch Übertragung von Verantwortung)
  Die Mitarbeiter erhalten neben einem eigenen festen Aufgabenbereich auch die für die Aufgabenerfüllung notwendige Kompetenz und Verantwortung übertragen (delegiert).

Personalbeurteilung

Eine *Personalbeurteilung* erfolgt als vergangenheitsbezogene Leistungsbeurteilung oder als zukunftsbezogene Potenzialbeurteilung.

Beurteilungskriterien: Arbeitsverhalten, Verhalten gegenüber Kollegen und Vorgesetzten, Führungsverhalten, geistige Anlagen, persönliches Auftreten.

Die Beurteilungsform hängt vom Zeitpunkt ab:

- während der Betriebszugehörigkeit in freier Beschreibung (der Beurteiler kann die Beurteilungskriterien selbst wählen) oder als gebundene Beschreibung (Beurteilungsmerkmale sind vorgegeben)
- am Ende der Betriebszugehörigkeit als einfaches oder qualifiziertes Zeugnis.

§ 82 BetrVG gibt dem Arbeitnehmer ein Recht auf ein Beurteilungsgespräch, § 83 ein Recht auf Einsicht in seine Personalakte.

Personalentwicklung

Personalentwicklung beginnt mit dem ersten Tag der Ausbildung und zielt auf die Verstärkung des Leistungspotenzials der Beschäftigten.
Personalentwicklungskonzepte sollen
- die Wettbewerbsfähigkeit des Unternehmens erhalten und erhöhen
- die Flexibilität der Arbeitnehmer erhöhen
- die Lernfähigkeit und Motivation der Fach- und Führungskräfte ständig verbessern
- einen qualifizierten Mitarbeiterstamm sichern und
- den individuellen und sozialen Wertewandel berücksichtigen.

Zur Personalentwicklung gehören insbesondere
- Rekrutierung des betrieblichen Nachwuchs durch Berufsausbildung
  Die Berufsausbildung erfolgt im Dualen System, d.h. an den beiden Lernorten Betrieb und Berufsschule. Sie hat eine breit angelegte berufliche Grundbildung und die notwendigen fachlichen Kenntnisse und Fertigkeiten für die Ausübung einer qualifizierten beruflichen Tätigkeit zu vermitteln sowie den Erwerb der erforderlichen Berufserfahrungen zu ermöglichen.
- Durchführung von Fortbildungsmaßnahmen
  In der beruflichen Fortbildung unterscheidet man zwischen Aufstiegs- und Anpassungsfortbildung. Erstere dient dem beruflichen Aufstieg (z.B. Meister, Fachwirt, Personalfachkaufmann), letztere hat die Anpassung der Kenntnisse und Fertigkeiten an die technisch-wirtschaftliche Entwicklung zum Ziel (z.B. Lehrgänge in der Steuerungstechnik, in der Kommunikationstechnologie).
- Durchführung von Trainee-Programmen (z.B. durch job-rotation = Lernen durch planvollen Wechsel des Arbeitsplatzes)
- Laufbahnplanung/ Führungskräfteauswahl

Personalabbau

Die Beendigung eines Arbeitsverhältnisses kann erfolgen
- durch Fristablauf (befristeter Arbeitsvertrag)
- durch Kündigung seitens des Arbeitnehmers bzw. Arbeitgebers
  - ordentliche Kündigung
    gesetzliche Kündigung = Einhalten der gesetzlichen Kündigungsfristen
    vertragliche Kündigung = Kündigungsfristen im Einzelarbeitsvertrag geregelt
  - außerordentliche Kündigung
    fristlose Kündigung aus wichtigem Grund, z. B. grobe Verletzung einer vertraglichen Pflicht (u. a. Arbeitsverweigerung; keine Entgeltzahlung)
- durch Erreichen der Altersgrenze
- durch Berufs- oder Erwerbsunfähigkeit
- durch Aufhebungsvertrag

Übereinstimmende Willenserklärung von Arbeitgeber und Arbeitnehmer zur Beendigung des Arbeitsverhältnisses
- durch betriebsbedingte (vorzeitige) Entlassungen
  Aufstellung eines Sozialplans = Sonderform der Betriebsvereinbarung; enthält insbesondere Regelungen über Abfindungen und Zuschüsse bei vorzeitiger Pensionierung.

Entgeltabrechnung

Bruttoentgelt

Das *Bruttoentgelt* ist das mit dem Arbeitgeber vereinbarte Entgelt; dabei unterscheidet man folgende Entgeltformen:
- *Zeitlohn*
  Beim Zeitlohn richtet sich die Entlohnung nach der Zeit der Anwesenheit am Arbeitsplatz. Eine Leistungsabhängigkeit besteht in diesem Falle nicht; es wird aber eine bestimmte Leistung vorausgesetzt. Die Zeiteinheiten beim Arbeiter sind die

Stunden (Stundenlohn); beim Angestellten der Monat (Monatsgehalt).

- *Akkordlohn*
  Beim Akkordlohn richtet sich die Entlohnung nach der Arbeitsleistung (Leistungslohn); Grundlage der Entlohnung ist das mengenmäßige Ergebnis. Formen des Akkordlohns sind:
  Stückgeldakkord: für eine Leistungseinheit wird ein bestimmter Lohnsatz festgelegt (Bruttolohn = Stückzahl x Akkordlohnsatz)
  Stückzeitakkord: für die Leistungseinheit wird eine bestimmte Arbeitszeit (Vorgabezeit) festgesetzt; Bruttolohn = (Stückzahl x Dezimalmin. je Stück x Stundenlohn) : 100
- *Prämienlohn*
  Beim Prämienlohn wird neben dem Grundlohn eine Sondervergütung für besondere Leistungen (z. B. Unterschreiten der Vorgabezeit, sparsamer Umgang mit Materialien) gezahlt.

Nettoberechnung

Bruttoentgelt = vereinbartes Entgelt
\+ vermögenswirksame Leistungen[1]
– gesetzliche Abzüge (Steuer und Sozialversicherung)
Nettoentgelt
– vermögenswirksame Leistungen[1]
– Beitrag zur betrieblichen Altersversorgung[2]
= Auszahlungsbetrag

- ***Steuern***

Lohnsteuer: Abhängig vom Bruttoentgelt und vom Familienstand (Steuerklasse)
Kirchensteuer: Für Mitglieder der röm.-kath. und der evang. Landeskirche = 9 (8) % der Lohnsteuer
Solidaritätszuschlag (SolZ): Prozentsatz der Lohnsteuer

- ***Sozialversicherung***

Krankenversicherung: Versicherungspflicht bis zu einem Einkommen von 75 % der Beitragsbemessungsgrenze in der Renten- und Arbeitslosenversicherung entsprechend dem derzeit gültigen Beitragssatz.
Pflegeversicherung: Grundsätzliche Versicherungspflicht entsprechend dem derzeit gültigen Beitragssatz
Rentenversicherung: Grundsätzliche Versicherungspflicht entsprechend dem derzeit gültigen Beitragssatz
Arbeitslosenversicherung: Grundsätzliche Versicherungspflicht entsprechend dem derzeit gültigen Beitragssatz
Die Beiträge zur Kranken-, Pflege-, Renten- und Arbeitslosenversicherung tragen Arbeitnehmer und Arbeitgeber je zur Hälfte.

- ***Vermögenswirksame Leistungen***

Aufwendungen gemäß 5. Vermögensbildungsgesetz; die Zahlungen sind steuer- und sozialversicherungspflichtig.

[1] Arbeitgeber übernimmt die vermögenswirksame Leistung zu 100 Prozent

[2] aufgrund einer tarifvertraglichen oder betrieblichen Vereinbarung

BAUSTEIN 18

MARKT UND PREIS/WIRTSCHAFTSORDNUNG

Marktarten

– Faktormärkte
– Gütermärkte

Kooperation

– Kartell
– Joint Venture

Markt

Markformen

– vollkommener Markt
– unvollkommener Markt

- *Monopol*
- *Oligopol*
- *Polypol*

Konzentration

– Konzern
– Trust

Marktbedingungen

– Angebot
– Nachfrage

Preisbildung

Wirtschaftssytem

Wirtschaftsmodelle

– Planwirtschaft
– Freie Marktwirtschaft

Wirtschaftsordnung

– Soziale Marktwirtschaft

Markt

Auf dem *Markt* treffen Angebot und Nachfrage zusammen; das Ergebnis dieses Zusammentreffens ist die Preisbildung.

Marktarten

Das Zusammentreffen von Angebot und Nachfrage findet sowohl auf den Faktormärkten als auch auf den Gütermärkten statt.

Faktormärkte

Die Faktormärkte sind von den Produktionsfaktoren abgeleitet; man unterscheidet den

- *Arbeitsmarkt*
  Die menschliche Arbeit wird auf dem Arbeitsmarkt u. a. über Stellenanzeigen, Arbeitsämter, private Vermittlung, Internet-Seiten angeboten und nachgefragt.
- *Kapitalmarkt*
  Hier werden langfristige Kredite (z.B. Darlehen, Hypotheken) und Kapitalanlagen (z. B. Anleihen, Aktien) angeboten und nachgefragt.
- *Immobilienmarkt*
  Angebot und Nachfrage nach unbebauten und bebauten Grundstücken.

Gütermärkte

- *Sachgütermärkte*
  Zusammentreffen von Angebot und Nachfrage nach Rohstoffen, Investitions- und Konsumgütern.
- *Dienstleistungsmärkte*
  Angebot und Nachfrage nach u. a. Verkehrs- und Versicherungsleistungen, Nachrichten, Online-Dienstleistungen, Serviceleistungen.

Marktformen

Die unterschiedlichen Marktformen bewirken eine unterschiedliche Marktstellung der Marktteilnehmer.

Vollkommener Markt

Bei einem *vollkommenen Markt* müssen folgende Bedingungen erfüllt sein:

- Es besteht Homogenität der angebotenen Güter/Dienstleistungen; das Angebot stimmt in Art, Qualität und Aufmachung vollkommen überein.
- Es sind keine Präferenzen auf der Nachfrageseite zu verzeichnen; die Käufer ziehen aus irgendwelchen Gründen einen bestimmten Anbieter vor.
- Es liegt ein Punktmarkt vor; es gibt keine unterschiedliche langen Wege für die einzelnen Marktteilnehmer.
- Es besteht vollkommene Markttransparenz; alle Marktteilnehmer sind über die gesamte Marktlage jederzeit sehr gut informiert.
- Alle Marktteilnehmer reagieren auf irgendwelche Marktveränderungen unverzüglich.

Unvollkommener Markt

Ist eine der genannten Bedingungen des vollkommenen Marktes nicht erfüllt, handelt es sich um einen unvollkommenen Mark. Die Marktrealität entspricht unvollkommenen Märkten (Ausnahme: Wertpapier- und Devisenmarkt), da insbesondere die Anbieter auf den Konsumgütermärkten homogene Güter durch Verpackung und Aufmachung heterogen erscheinen lassen und den Präferenzbereich durch Service, günstigen Standort und unterschiedliche Öffnungszeiten attraktiv machen.

Die verschiedenen Marktformen werden nach der Anzahl der Marktteilnehmer unterschieden.

- ***Monopol***

Ein Monopol liegt vor, wenn die Marktmacht bei einem Marktteilnehmer liegt; man unterscheidet:

- Angebotsmonopol = ein Anbieter, viele Nachfrager
- Nachfragemonopol = ein Nachfrager, viele Anbieter
- Zweiseitiges Monopol = ein Anbieter, ein Nachfrager
- Beschränktes Monopol = ein Anbieter, wenige Nachfrager/ein Nachfrager, wenige Anbieter

Die monopolistische Verhaltensweise beeinflusst die Preisbildung auf dem Markt, da der Monopolist den Preis oder die Menge autonom bestimmen kann; allerdings muss er jederzeit mit Reaktionen seiner Marktpartner rechnen.

- ***Oligopol***

Ein Oligopol liegt vor, wenn die Marktmacht bei wenigen Marktteilnehmern liegt; man unterscheidet:

- Angebotsoligopol = wenige Anbieter, viele Nachfrager
- Nachfrageoligopol = wenige Nachfrager, viele Anbieter
- Zweiseitiges Oligopol = wenige Anbieter, wenige Nachfrager

Bezüglich der Preisbildung rechnet das Unternehmen mit Reaktionen der Konkurrenten und verzichtet weitgehend auf größere Veränderungen seiner Preise; zieht aber bei Preisänderungen der Konkurrenz nach (z. B. Benzinpreise).

- ***Polypol***

Von Polypol spricht man, wenn viele Anbieter und viele Nachfrager auf dem Markt auftreten. Der Unternehmer geht davon aus, dass weder Konkurrenz noch Marktpartner auf seine eigene Preisgestaltung reagieren. Er akzeptiert den sich aus Angebot und Nachfrage bildenden Marktpreis und versucht, durch Beeinflussung der Angebotsmenge seinen Markteinfluss zu vergrößern.

Kooperation/Konzentration

Immer mehr Unternehmen schließen sich aufgrund des weltweiten Zusammenwachsens der Märkte (Ursachen u.a. liberalisierter Welthandel, Computervernetzung/Internet-Zugang, internationale Konkurrenz) zusammen – Globalisierung –, um

- ihre Marktposition zu verbessern
- eine größere Marktmacht zu erreichen (eine Marktbeherrschung zu erlangen)
- das Risiko zu streuen
- steuerliche Vorteile zu nutzen
- ihre Kapitalbasis zu verbessern
- kostengünstiger zu produzieren.

Kooperation

Mehrere Unternehmen verpflichten sich per Vertrag zur Zusammenarbeit; geben aber dabei zu einem Teil ihre wirtschaftliche Selbstständigkeit auf; dazu zählen u. a. Arbeits- oder Interessengemeinschaften, Kartelle und sog. Jointventures.

Kartell

Ein *Kartell* ist ein vertraglicher Zusammenschluss von Unternehmen, die zwar rechtlich selbstständig bleiben, aber ihre wirtschaftliche Unabhängigkeit teilweise aufgeben. Ziel des Vertrages ist in der Regel ein gemeinsames Vorgehen zur Beeinflussung des Marktes. Das Gesetz gegen Wettbewerbsbeschränkungen (GWB) unterscheidet:

- *anmeldepflichtige Kartelle*
  - Konditionenkartell (u. a. Zahlungs- und Lieferbedingungen)
  - Rationalisierungskartell (u.a. Spezialisierung auf einzelne Punkte)
  - Ausfuhrkartell
- *genehmigungspflichtige Kartelle*
  - Syndikat (Errichtung einer gemeinsamen Handelsgesellschaft, die die Aufträge den Kartellmitgliedern zuteilt)
  - Krisenkartell (Zuteilung von Kapazitäten, Fördermengen, z. B. OPEC, zur Behebung von Strukturkrisen)
- *verbotene Kartelle*
  - Preiskartell
  - Quotenkartell (Ziel ist eine künstliche Verknappung)
  - Gebietskartell (Zuteilung von Absatzgebieten)

Joint Venture

Beim Joint Venture kooperieren mehrere Unternehmen, indem Sie ein eigenes Unternehmen gründen, an dem alle unter Einbringung bestimmter Fachgebiete (z. B. Unternehmen A = finanzielle Mittel, Unternehmen B = technisches Know how, Unternehmen C = Marketingkonzept und Experten) teilhaben.

Konzentration

Sie liegt vor, wenn die zusammengehenden Unternehmen ihre rechtliche und/oder wirtschaftliche Selbstständigkeit einschränken bzw. aufgeben; dazu zählen der Konzern und der Trust.

Konzern

Ein *Konzern* ist ein Zusammenschluss von Unternehmen, die rechtlich selbstständig bleiben, aber ihre wirtschaftliche Unabhängigkeit einschränken. Er entsteht durch Kapitalbeteiligung und unterliegt der Fusionskontrolle durch das Bundeskartellamt bzw. durch die Europäische Wettbewerbskommission. Man unterscheidet:

- *Unterordnungskonzern:*
  Ein Unternehmen kauft die Kapitalmehrheit an anderen Unternehmen auf, sodass ein Mutter-Tochter-Verhältnis in Verbindung mit einem Beherrschungsvertrag entsteht.
- *Gleichordnungskonzern:*
  Konzernunternehmen tauschen ihre Kapitalbeteiligungen gleichmäßig aus, sodass ein gleichgewichtiger Einfluss entsteht (Schwestergesellschaften).
- *Holding:*
  Eine Dachgesellschaft erwirbt Kapitalanteile der Einzelunternehmen und leitet den Konzern.

Trust

Im *Trust* verlieren die einzelnen Unternehmen ihre rechtliche und wirtschaftliche Selbstständigkeit; durch Verschmelzung (Fusion) entsteht ein einziges Unternehmen (z.B. Daimler-Chrysler) oder es wird ein neues Unternehmen gegründet (z. B. Aventis = Zusammenschluss von Hoechst und Rhone Poulenc).

Marktbedingungen

Auf dem Markt treffen Angebot und Nachfrage zusammen, d. h. jeder Marktteilnehmer versucht seine Interessen aufgrund eigener Bestimmungsgrößen durchzusetzen.

Angebot

Bestimmungsgrößen der Angebotsseite sind u. a.

- Zielsetzungen der Anbieter (Vergrößerung des Marktanteils, Gewinnmaximierung)

- Faktorkosten (Kosten der Produktionsfaktoren)
- Wettbewerbssituation

Wenn das Angebot größer ist als die Nachfrage (Angebotsüberhang), so wird diese Situation als Käufermarkt bezeichnet; Merkmale des Käufermarkts sind u.a. starke Konkurrenzsituation der Anbieter, Käufer bestimmen das Marktgeschehen, Käufer werden kritischer und preisbewusster.

Nachfrage

Bestimmungsgrößen der Nachfrageseite sind u. a.

- Zielsetzungen der Käufer (Bedarfsstruktur, Nutzenmaximierung)
- Angebotspreise
- Höhe des verfügbaren Einkommens

Wenn die Nachfrage größer ist als das Angebot (Nachfrageüberhang), so spricht man von einem Verkäufermarkt; die Anbieter bestimmen das Marktgeschehen.

Preisbildung

Die *Preisbildung* entsteht durch das Zusammenspiel von Angebot und Nachfrage auf dem Markt. Das Marktgleichgewicht wird durch den *Gleichgewichtspreis* und die dazugehörige Menge bestimmt (siehe Abbildung).

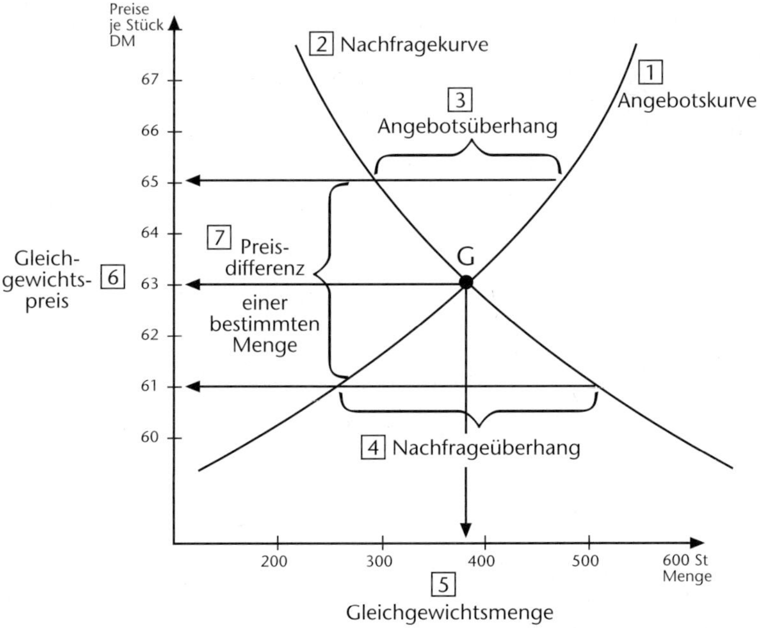

Im Schnittpunkt G zwischen Angebotskurve (1) und der Nachfragekurve (2) befinden sich Angebot und Nachfrage im *Gleichgewicht* (angebotenen Menge/nachgefragte Menge = Gleichgewichtsmenge (5). Der Preis, der dieser Menge entspricht, ist der Gleichgewichtspreis (6). Ziffer (3) zeigt einen Angebotsüberhang: Zu diesem (höheren) Preis wird mehr angeboten als nachgefragt; Ziffer (4) zeigt einen Nachfrageüberhang: Zu diesem (niedrigeren) Preis wird mehr nachgefragt als angeboten. Ziffer (7) zeigt die Preisdifferenz einer bestimmten Menge.

Diese Gleichgewichtssituation entsteht nur bei vollkommener Konkurrenz (völlige Markttransparenz und Fehlen von Marktpräferenzen); diese Marktsituation ist in der Realität nie oder fast nie gegeben. Grundsätzlich wird die Preisbildung beeinflusst durch

- *eine monopolistische Verhaltensweise*
  Der Unternehmer rechnet nicht mit Reaktionen von Konkurrenten auf seine Preisgestaltung, wohl aber mit Reaktionen seiner Marktpartner
- *die oligopolistische Verhaltensweise*
  Der Unternehmer rechnet auch mit Konkurrentenreaktionen; er verzichtet daher weit-gehend auf größere Veränderungen der Preise, zieht aber bei Preiskorrekturen der Konkurrenz nach
- *die polypolistische Verhaltensweise*
  Der Unternehmer akzeptiert den sich aus Angebot und Nachfrage bildenden Marktpreis und versucht, durch Beeinflussung der Angebotsmenge seinen Markteinfluss zu vergrößern.

Funktionen des Marktpreises (im Modell des vollkommenen Marktes)

- *Ausgleichsfunktion*
  Angebot und Nachfrage gleichen sich aus; der gebildete Gleichgewichtspreis räumt den Markt, d. h. es wird alles verkauft (größtmöglicher Umsatz).
- *Signalfunktion*
  Der Preis spiegelt den Knappheitsgrad der Güter wider:
  sinkende Preise = geringes Angebot/hohe Nachfrage
  steigende Preise = hohes Angebot/niedrige Nachfrage
- *Lenkungsfunktion* (Allokationsfunktion)
  Die Investitionen werden dort getätigt, wo erhöhte und/oder neue Nachfrage zu erwarten ist (= höhere Preise bzw. entsprechende Gewinne).
- *Ausschaltungsfunktion*
  Der Preis schaltet die Nachfrager aus, die nicht bereit sind, den Marktpreis zu zahlen bzw. verdrängt die Anbieter, die zu hohe Preise verlangen.
- *Erziehungsfunktion*
  Bei einem unveränderten Gleichgewichtspreis versuchen die Produzenten/Händler ihre Kosten zu senken (Rationalisierungsmaßnahmen), um ihre Umsatzrentabilität (Gewinn x 100 : Umsatz) zu erhöhen.

Wirtschaftssystem

System aller wirtschaftlichen Regelungen.

Wirtschaftsmodelle

Um eine optimale Versorgung der Menschen in einer Volkswirtschaft mit Gütern/Dienstleistungen zu ermöglichen, bedarf es einer *Wirtschaftsordnung*; idealtypisch dafür sind die beiden theoretischen Modelle *Planwirtschaft* (Kollektivprinzip) und *freie Marktwirtschaft* (Individualprinzip).

Planwirtschaft (Zentralverwaltungswirtschaft)

In der *Planwirtschaft* wird der gesamte Wirtschaftsprozess von einer zentralen Stelle

(i. d. R. der Staat) auf der Basis von Plänen gesteuert; kennzeichnende Elemente sind:

- Staats- oder Kollektiveigentum an den Produktionsmitteln
- Grundsatz der Planerfüllung
- Festsetzung von Mengen und Preisen (Bedarfsdeckungsprinzip)
- weitgehende Unterordnung des Einzelnen (Subordinationsprinzip)

Freie Marktwirtschaft

In der freien *Marktwirtschaft* (Laissez-faire-Wirtschaft auf der Basis des Liberalismus) plant und entscheidet das einzelne Wirtschaftssubjekt selbstständig und eigenverantwortlich; kennzeichnende Elemente sind:

- Privateigentum
- Grundsatz der Gewinn- bzw. Nutzenmaximierung
- freie Preisbildung (Marktmechanismus)
- garantierte Grundrechte einer freien Wirtschaft (u. a. Vertrags-/Gewerbefreiheit) durch den Staat.

Beide Modelle kommen in der Realität selten vor; je nach gesellschaftlicher Ordnung erfolgt jedoch eine Orientierung an der einen oder anderen Form.

Wirtschaftsordnung

Soziale Marktwirtschaft

Die *soziale Marktwirtschaft* ist die Wirtschaftsordnung der Bundesrepublik Deutschland, die 1949 von Ludwig Erhard eingeführt worden ist. Sie basiert auf dem Modell der freien Marktwirtschaft (Individualprinzip); soll aber mithilfe einer aktiven Rolle des Staates soziale Aspekte berücksichtigen.

Zu den Aufgaben des Staates gehören u. a.

- Sicherung des Wettbewerbs (*Wettbewerbspolitik*)
  Grundlagen sind u. a. das Gesetz gegen Wettbewerbsbeschränkungen (GWB, Kartellgesetz), Gesetz gegen den unlauteren Wettbewerb (UWG), AGB-Gesetz, Rabatt-, Haustürwiderrufs-, Produkthaftungsgesetz.
- *Sozialpolitik*
  Dazu zählen u.a. die gesetzliche Sozialversicherung, Arbeitsschutzgesetzgebung, Arbeitsmarkt- und Verteilungspolitik (z. B. Arbeitsbeschaffungsmaßnahmen, Sozialhilfe, Ausbildungsförderung).
- *Strukturpolitik*
  Zu den strukturpolitischen Maßnahmen zählen u. a. Förderung der Wirtschaft durch Subventionen.

STEUERN

Steuern

Steuerarten

nach dem Gegenstand der Besteuerung

– Besitzsteuern

- *Personensteuern*
- *Realsteuern*

– Verkehrssteuern
– Verbrauchsteuern

nach der Erhebung der Steuern

– Direkte Steuern
– Indirekte Steuern

nach dem Empfänger der Steuern

– Bundessteuern
– Landessteuern
– Gemeindessteuern
– Gemeinschaftssteuern

Steuerpolitik

Notwendigkeit der Besteuerung
Grundsätze
Problematik

Steuern

Steuern sind lt. Abgabenordnung (AO regelt die Durchführung der Besteuerung, die Rechte und Pflichten der Steuerpflichtigen und der Finanzbehörden sowie die Bestimmungen für Steuerdelikte) einmalige oder laufende Geldleistungen, die von einem öffentlich-rechtlichen Gemeinwesen (Bund, Länder, Gemeinden) in einmalig festgelegter Höhe ohne unmittelbare Gegenleistung erhoben werden; sie dienen zur Finanzierung der vom Gesetzgeber festgelegten Aufgaben.

Steuerarten

Die Steuern können nach verschiedenen Gesichtspunkten eingeteilt werden:

nach dem Gegenstand der Besteuerung

Besitzsteuern

Steuergegenstand ist ein bestimmter Besitzwert; sie werden unterteilt in Personen- und Realsteuern.

- ***Personensteuern***

Sie berechnen sich aus dem Einkommen und Vermögen von Personen unter Berücksichtigung der Leistungsfähigkeit des Steuerpflichtigen anhand festgelegter Kriterien (z. B. Familienstand, Höhe des Einkommens). Arten: Einkommensteuer bzw. Körperschaftsteuer, Kapitalertragsteuer, Erbschaft- und Schenkungssteuer, Kirchensteuer

Der Einkommensteuer unterliegen u. a. die Einkünfte aus nichtselbstständiger/selbstständiger Arbeit (z. B. Löhne, Gehälter, Renten). Das zu versteuernde Einkommen eines Arbeitnehmers bei z. B. regelmäßigem Gehalt berechnet sich wie folgt:

Arbeitsentgelt
– *Werbungskosten* (Aufwendungen zur Erwerbung, Sicherung und Erhaltung der Einkünfte, z. B. Fahrtkosten zwischen Wohnung und Arbeitsstätte, Aufwendungen für Fachliteratur)
– *Sonderausgaben* (Aufwendungen der privaten Lebensführung, die beschränkt oder unbeschränkt abzugsfähig sind wie Vorsorgeaufwendungen, Spenden, gezahlte Kirchensteuer)
– *Außergewöhnliche Belastungen* (Aufwendungen aufgrund belastender Umstände, die unter Berücksichtigung einer zumutbaren Eigenbeteiligung abzugsfähig sind, z. B. auswärtige Unterbringung zur Berufsausbildung)
= zu versteuerndes Einkommen

Die genannten Abzüge können als *Freibeträge* (Teile des steuerpflichtigen Betrages, die von der Besteuerung ausgenommen sind) auf der Lohnsteuerkarte eingetragen oder bei der Veranlagung nachgewiesen werden. Grundlage der Berechnung der Lohn- und Einkommensteuer sowie Kirchensteuer und SolZ ist der festgelegte Steuertarif (Nullzone, untere Proportionalzone, Progressionszone und obere Proportionalzone) sowie die Steuerklasse (Steuerklasse I bis VI) des Steuerpflichtigen.

- ***Realsteuern (Objektsteuern)***

Sie erfassen die Erträge von Objekten (z. B. Gewerbesteuer) und/oder den Wert von Objekten (z. B. Grundsteuer).

Verkehrsteuern

Steuern, die bei bestimmten Vorgängen des Rechts- und Wirtschaftsverkehrs anfallen. Arten: Umsatzsteuer, Grunderwerbsteuer, Kfz-Steuer, Versicherungsteuer u. a.
Die *Umsatzsteuer* ist eine indirekte Steuer, die ausschließlich der Verbraucher zu tragen hat. Besteuert werden alle Lieferungen und Leistungen, die ein Unternehmen im Inland gegen Entgelt ausführt, der Eigenverbrauch sowie die Einfuhr aus sog. Drittländern. Die Unternehmen zahlen die Umsatzsteuer beim Einkauf an ihre Lieferanten in Form von Vorsteuer und erhalten beim Verkauf von ihren Kunden Mehrwertsteuer; die Zahllast (= Mehrwertsteuer abzüglich Vorsteuer) ist an das Finanzamt abzuführen. Die Umsatzsteuer ist somit für das Unternehmen ein durchlaufender Posten und kostenneutral (die Kostenrechnung wird nicht berührt).

Verbrauchsteuern

Steuern, die auf den Verbrauch bestimmter Güter erhoben werden; Arten: Mineralölsteuer, Biersteuer, Salzsteuer, Tabaksteuer u. a.

nach der Erhebung der Steuern

Nach der Erhebungsart werden direkte und indirekte Steuern unterschieden.

Direkte Steuern

Sie werden direkt von denen erhoben, die die Steuer auch tragen sollen, d. h. die Steuern sind nicht auf andere abwälzbar (z. B. Einkommensteuer, Erbschaftsteuer).

Indirekte Steuern

Sie können vom Steuerschuldigen auf andere Steuerträger abgewälzt werden; z. B. alle Verbrauchsteuern, Umsatzsteuer.

nach dem Empfänger der Steuern

Nach dem Träger der Steuerhoheit werden unterschieden:

Bundessteuern

Steuern, die dem Bund zufließen sind u. a. Verbrauchsteuern (z. B. Tabak-, Mineralölsteuer), Versicherungsteuer, Zölle.

Landessteuern

Steuern, die den Bundesländern zufließen sind u. a. Kfz-Steuer, Erbschaft-, Grunderwerbsteuer.

Gemeindesteuern

Steuern, die den Gemeinden zufließen sind u. a. Gewerbeertragsteuer, Grundsteuer, Hundesteuer, Vergnügungsteuer.

Gemeinschaftssteuern

Steuern, die dem Bund und den Ländern gemeinsam zustehen sind u. a. Lohn- und Einkommensteuer, Umsatzsteuer, Körperschaftsteuer, Kapitalertragsteuer.

Steuerpolitik

Steuerpolitik ist ein Teil der Wirtschafts- und Sozialpolitik eines Staates.

Notwendigkeit der Besteuerung

Damit die öffentlichen Haushalte (Bund, Länder und Gemeinden) die von ihnen übernommenen Aufgaben (Erbringen bestimmter Dienstleistungen und/oder Transferleistungen) bewältigen können, benötigen sie finanzielle Mittel, die über Steuern, Gebühren, Beiträge oder Kreditaufnahmen aufgebracht werden müssen. Die Einnahmen (u. a. Steuern) und die Ausgaben (Verwendungszwecke) werden im sog. Haushaltsplan dargestellt; der aufgestellte Haushalt muss ausgeglichen sein.

Grundsätze der Steuerpolitik

Oberster Grundsatz der Steuerpolitik: Jeder soll ohne Ansehen seiner Person und entsprechend seiner individuellen Leistungsfähigkeit und sozialen Situation besteuert werden. Ein weiterer Grundsatz ist, dass mithilfe der Steuerpolitik wirtschafts- und sozialpolitische Zielsetzungen realisiert werden sollen. So kann z. B. durch das Herauf- oder Herabsetzen der Steuersätze die Konjunktur beeinflusst werden; darüber hinaus kann mithilfe der Steuern eine Einkommensumverteilung (großzügige Freibeträge für kinderreiche Familien/ progressive Besteuerung hoher Einkommen) bewirkt werden.

Problematik

Die Problematik der Steuerpolitik besteht darin, dass sie einen Ausgleich finden muss zwischen angemessener Steuerbelastung (Einnahmen) und Finanzierung/Steuerung der wirtschafts- und sozialpolitischen Zielsetzungen (Ausgaben). Eine zu hohe Besteuerung führt zu einer Leistungsverminderung bzw. geringerer Investitionsbereitschaft; eine zu niedrigere Besteuerung führt zu einem erheblichen Steuerausfall und damit zur Reduzierung notwendiger öffentlicher Aufgaben (z. B. Straßenbau). Eine Abhilfe über Kreditaufnahmen stößt an Grenzen, da immer mehr Steuergelder zur Zahlung der Zinsen (Schuldendienst) aufgebracht werden müssen, die dann zur Finanzierung wichtiger Aufgaben fehlen.

GRUNDZÜGE DER WIRTSCHAFTSPOLITIK

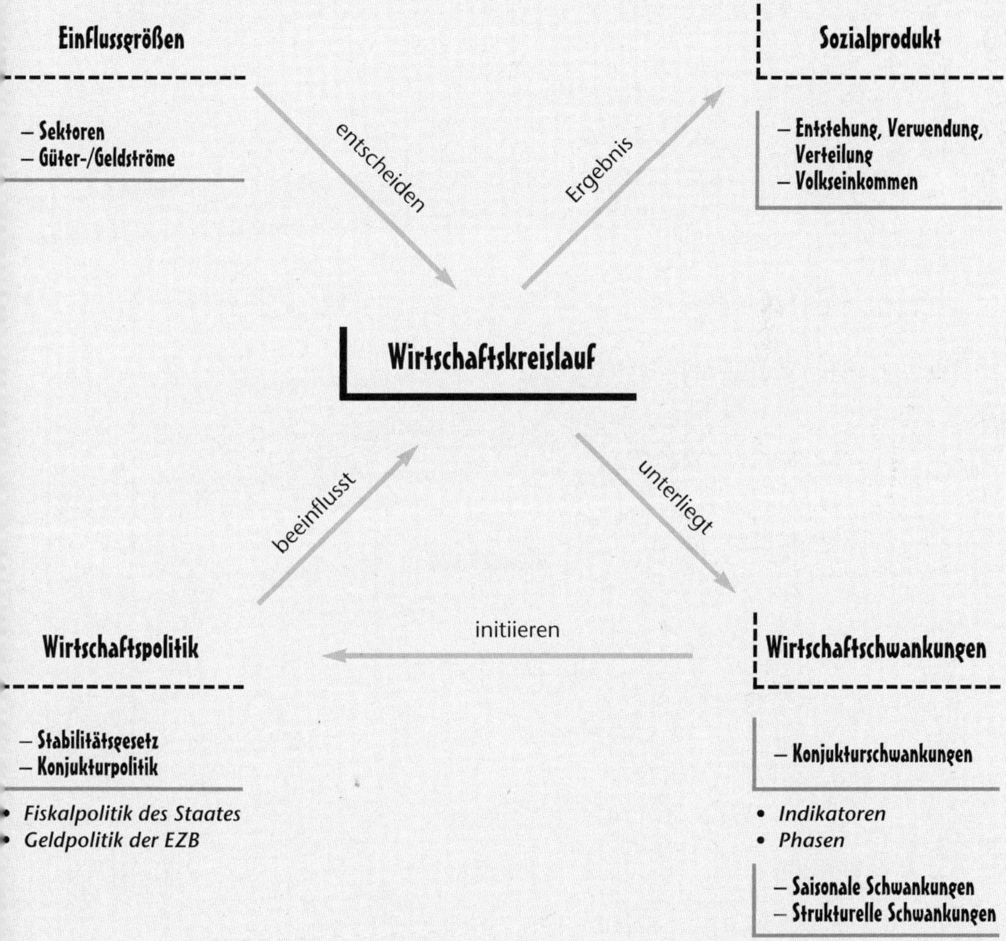

Wirtschaftskreislauf

Im Modell des *Wirtschaftskreislaufs* (siehe Abbildung) werden die verschiedenen wirtschaftlichen Transaktionen der beteiligten Wirtschaftssubjekte dargestellt.

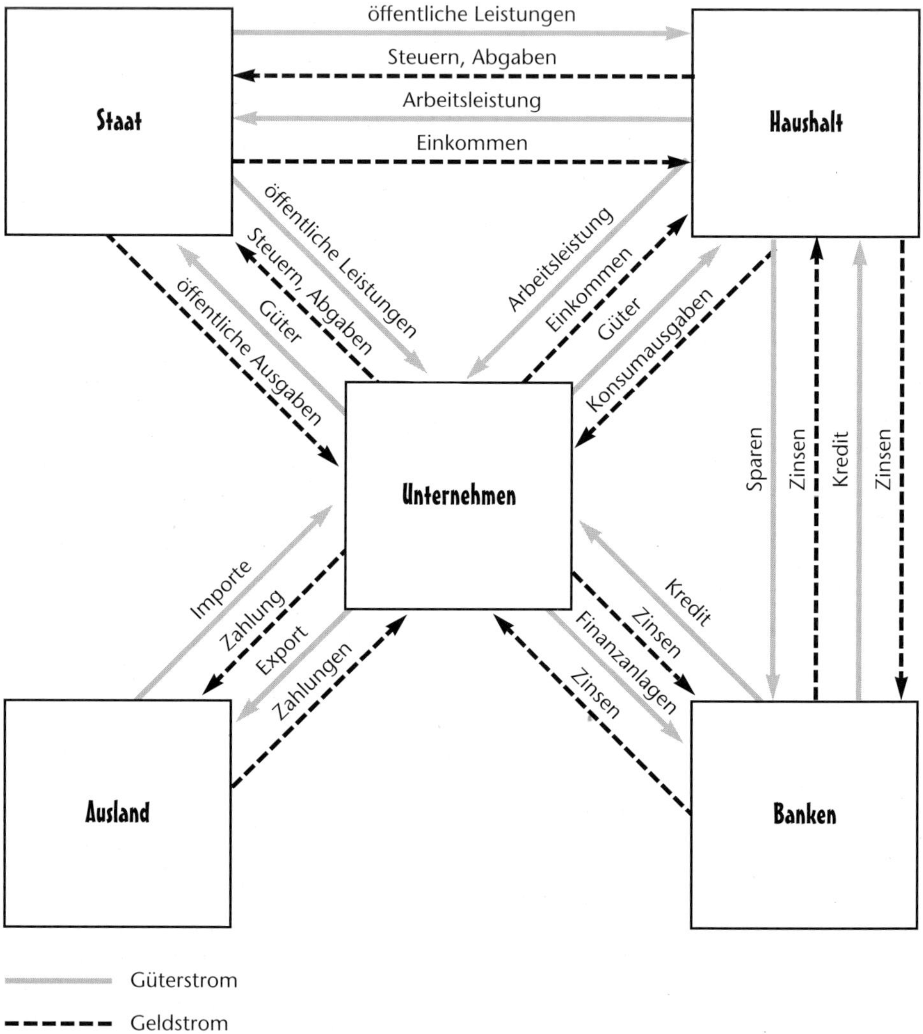

Einflussgrößen

Gleichartige Wirtschaftssubjekte werden zu *Wirtschaftssektoren* und gleichartige Transaktionen zu *Stromgrößen* zusammengefasst.

Sektoren

Die beteiligten Sektoren sind
- Unternehmen (investieren, produzieren, verkaufen)
- Haushalte (konsumieren sparen)
- Banken (geben Sparanreize, vergeben Kredite)
- Staat (erhebt Steuern, deckt Kollektivbedarf)
- Ausland (Import/Export)

Durch ihre Entscheidungen beeinflussen sie die Quantität/Qualität der wirtschaftlichen Transaktionen.

Güter-/Geldströme

Nahezu jede Transaktion setzt sich aus einer *Güterbewegung* und aus einer entgegengesetzten *Geldbewegung* zusammen. Gleichartige Geld- und Güterbewegungen zwischen gleichartigen Wirtschaftssektoren bezeichnet man als Geld- und Güterströme.

Sozialprodukt

Das *Sozialprodukt* ist das Ergebnis der volkswirtschaftlichen Gesamtrechnung und entspricht dem Wert aller in einer Periode erzeugten Güter und erbrachten Dienstleistungen, die gegen Entgelt veräußert werden.

Bruttosozialprodukt = Wertschöpfung aller Inländer (Inländerkonzept), unabhängig davon, ob die Wertschöpfung im In- oder Ausland erbracht wurde.

Bruttoinlandsprodukt = Wertschöpfung des Inlands (Inlandskonzept).

Entstehung, Verwendung, Verteilung

In der volkswirtschaftlichen Gesamtrechnung unterscheidet man die Entstehungs-, Verwendungs- und Verteilungsrechnung des Sozialproduktes.

- *Entstehungsrechnung*

Es wird festgestellt, an welchem Ort das Sozialprodukt entsteht; dazu gehören u. a..
- Handel, Verkehr, Dienstleistungen
- Industrie und Handwerk
- Staat
- Land- und Forstwirtschaft, Fischerei

- *Verwendungsrechnung*

Es wird festgestellt, für welche Zwecke das Sozialprodukt ausgegeben (verwendet) wurde; dabei wird unterschieden in
- privaten Verbrauch
- Staatsverbrauch
- Investitionen (einschließlich Vorräte)
- Außenbeitrag (Saldo zwischen Aus- und Einfuhr)

- *Verteilungsrechnung*

Es wird festgestellt, wie sich das zugeflossene Einkommen verteilt; dabei unterscheidet man
- Bruttoeinkommen aus unselbstständiger Arbeit
- Bruttoeinkommen aus Unternehmertätigkeit und Vermögen

Volkseinkommen

Das Volkseinkommen ist die Summe aller aus der Herstellung der Güter und Dienstleistungen entstandenen Einkommen in einer Volkswirtschaft innerhalb einer bestimmten Periode (Löhne, Gehälter, Unternehmensgewinne, Zinsen, Mieten, Pachten). Die entstandenen Einkommen entsprechen den Kosten für die eingesetzten Produktionsfaktoren Arbeit, Boden und Kapital = Faktorkosten.

Volkseinkommen = Nettosozialprodukt zu Faktorkosten; es wird wie folgt berechnet:

Bruttosozialprodukt zu Marktpreisen
− Abschreibungen
= Nettosozialprodukt zu Marktpreisen
− indirekte Steuern
+ Subventionen
= Nettosozialprodukt zu Faktorkosten
= Volkseinkommen

Wirtschaftsschwankungen

Die wirtschaftlichen Transaktionen vollziehen sich nie gleichmäßig; sie sind ständigen Veränderungen unterworfen: Geldmenge größer als Güterangebot oder umgekehrt, das Sparen übersteigt das Investieren oder umgekehrt, pessimistische oder optimistische Erwartungen usw.

Konjunkturschwankungen

Konjunkturelle Schwankungen sind mittelfristige, regelmäßig wiederkehrende Schwankungen der Wirtschaftstätigkeit in einer Volkswirtschaft.

- ***Indikatoren***

Konjunkturindikatoren sind Daten, aus denen sich der Stand und die Entwicklung der Konjunktur analysieren lässt. Dazu zählen u. a. Auftragseingänge, Lagerbestand, Kapazitätsauslastung, Umsatzzahlen, Preisindex der Lebenshaltung, Beschäftigung.

- ***Phasen***

Das Modell des *Konjunkturverlaufs* unterscheidet vier Phasen:

- *Aufschwung*

Er ist gekennzeichnet durch u.a. zunehmende Nachfrage, bessere Auslastung der Kapazitäten, Entlastung des Arbeitsmarktes

- *Boom (Hochkonjunktur)*

Er ist gekennzeichnet durch u.a. hohe Nachfrage, erhöhte Preissteigerung auf allen Märkten, hoher Fixkostenanteil

- *Abschwung (Rezession)*

Er ist gekennzeichnet durch u.a. gleichzeitiger Nachfragerückgang auf den Investitions- und Konsumgütermärkten, Freisetzung von Arbeitskräften, Zunahme von Insolvenzen

- *Depression (Tiefstand)*

Sie wird ausgelöst durch u.a. zunehmende Arbeitslosigkeit, Verringerung der Kaufkraft, fehlende Kostendeckung.

Saisonale Schwankungen

Darunter versteht man jahreszeitlich bedingte Nachfrageveränderungen (z.B. Sommer-/ Winterartikel und/oder saisonale Nachfrage nach Arbeitskräften in der Bauindustrie); sie dauern meist nur wenige Wochen/Monate, beeinflussen nur einzelne Wirtschaftszweige und sind weitgehend vorhersehbar bzw. regulierbar.

Strukturelle Schwankungen

Diese Schwankungen beruhen auf tiefgreifenden dauerhaften Nachfrageveränderungen und können zu schweren Strukturkrisen führen (z. B. Schiffsbau-/Werftkrise, Kohle- und Stahlkrise); sie betreffen meist wenige Wirtschaftszweige und erfordern langfristige Anpassungsprozesse (z. T. unterstützt durch staatliche Maßnahmen = Strukturpolitik).

Wirtschaftspolitik

Darunter versteht man die Summe aller staatlichen Maßnahmen, die Wirtschaftsschwankungen einer Volkswirtschaft so zu beeinflussen, dass tendenziell ein gesamtwirtschaftliches Gleichgewicht entstehen kann.

Stabilitätsgesetz

Das *Gesetz zur Förderung der Stabilität und des Wachstums der Wirtschaft* von 1967 verpflichtet den Bund und die Länder, die Zielsetzungen des *„Magischen Vierecks“* anzustreben:

- stetiges und angemessenes Wirtschaftswachstum (gemessen am Sozialprodukt)
- Stabilität des Preisniveaus (gemessen am Preisindex der Lebenshaltung)
- Vollbeschäftigung (gemessen an der Arbeitslosenquote)
- außenwirtschaftliches Gleichgewicht (gemessen an der Leistungsbilanz)

Ökologische Erfordernisse (Anforderungen an die Umweltverträglichkeit) sind in diesem Gesetz nicht genannt. Ihre Beachtung ist aber inzwischen so allgemein anerkannt, dass nicht wenige Politiker/Unternehmen vom „Magischen Fünfeck“ sprechen und in der Produkt- und Distributionspolitik diesen Gesichtspunkt einbeziehen (z. B. Verpackungs- und Altbatterieverordnung, Müllbeseitigung, Recycling).

Ein Zielkonflikt liegt vor, wenn das Verfolgen eines Zieles gleichzeitig das Erreichen eines anderen Zieles gefährdet. Das Verfolgen eines stetigen und angemessenen Wirtschaftswachstums kann mit ökologischen Erfordernissen im Widerspruch stehen; z. B. verbessert die Erweiterung des Autobahnnetzes die Verkehrsbedingungen, verschlechtert aber gleichzeitig die Umweltsituation.

Konjunkturpolitik

Die Beeinflussung der konjunkturellen Entwicklung erfolgt durch Maßnahmen des Staates (Fiskalpolitik) und der Europäischen Zentralbank (Geldpolitik).

• *Fiskalpolitik des Staates*

Die Möglichkeiten des Staates beschränken sich auf die Fiskalpolitik (Einsatz der öffentlichen Finanzen):

Über den öffentlichen Haushalt werden die Ausgaben (u. a. Investitionen), die ordentlichen Einnahmen (u. a. Steuern) und der Kapitalmarkt (Nettokreditaufnahme) beeinflusst.

Mithilfe einer *antizyklischen Fiskalpolitik* (Ausgaben/Einnahmen werden entgegengesetzt zur Konjunkturlage eingesetzt) soll ein gesamtwirtschaftliches Gleichgewicht angestrebt werden. So können Ankurbelungsmaßnahmen wie z. B. Vergabe öffentlicher Aufträge, Senkung der direkten Steuern, Erhöhung der Abschreibungssätze den Aufschwung verstärken oder restriktive Maßnahmen wie z. B. geringere staatliche Nachfrage, Erhöhung der direkten Steuern, Senken der Abschreibungssätze den Boom bremsen.

Mithilfe einer *angebotsorientierten Wirtschaftspolitik* (langfristige Verbesserungen der Angebotsbedingungen) sollen Anreize für Investitionen und Innovationen (u. a. neue Technologien), für Firmengründungen und berufliche Weiterbildungsmöglichkeiten geschaffen werden.

• *Geldpolitik der EZB*

Vorrangiges Ziel der *Europäischen Zentralbank* (EZB) ist die Sicherung der Geldwertstabilität, d. h. die Stabilität des Euro; die Unterstützung der Wirtschaftspolitik ist eine nachrangige Aufgabe und darf der Geldwertstabilität nicht widersprechen. Weitere Aufgaben der EZB sind: Verwalten der Währungsreserven, Organisation des Zahlungsverkehrs in der EU sowie die Durchführung von Devisengeschäften.

Die geldpolitischen Instrumente der EZB sind:

- *Offenmarktgeschäfte* (open market operation)

Die EZB tritt auf dem Markt als Käufer oder Verkäufer von Wertpapieren (z. B. EZB-Schuldverschreibungen) auf und steuert so – je nach Aktivität – die Geldmenge; dadurch steuert sie auch die Zinssätze und die Liquidität auf dem Kapitalmarkt.

- *Mindestreserve*

Da die Kreditinstitute verpflichtet sind, Mindestreserven bei der EZB zu halten, beeinflusst der Mindestreservesatz die Liquidität der Geschäftsbanken.

• *Ständige Fazilitäten* (standing facilities)
Durch die ständigen Fazilitäten (Refinanzierungsmöglichkeiten = Liquiditätsbereitstellung/Liquiditätsabschöpfung) steuert die EZB den kurzfristigen Geldmarktzins.

Je nach Einsatz ihrer geldpolitischen Instrumente kann die EZB die wirtschaftlichen Aktivitäten durch eine antizyklische Geldpolitik beleben bzw. stützen (Leitzinssenkung, Mindestreservepflicht lockern, Kauf von Wertpapieren) oder dämpfen (Anhebung der Refinanzierungs- und Mindestreservesätze, Verkauf von Wertpapieren).

Stichwortverzeichnis